Cadillac

Georg Amtmann

LECHNER VERLAG
GENF • WIEN • MÜNCHEN • NEW YORK

Printed in E.E.C.

ISBN 3-850-071-8

Vorwort

Die an hoffnungsvollen Projekten und Fehlschlägen reiche Geschichte des Automobils hat Tausende von Marken hervorgebracht: nur wenige dieser Namen haben in unserem turbulenten Jahrhundert bis heute überlebt und bleibende Wertschätzung erhalten.
Cadillac zählt zu diesem exklusiven Kreis - weltweit ein Synonym für Erfolg und Reichtum im „American way of life". Die technischen Innovationen der Marke in den ersten Jahrzehnten ihres Bestehens (vom elektrischen Anlasser bis zum V8-Motor) sind heute vielfach in Vergessenheit geraten. Das Image wird geprägt von der stylistischen Führungsrolle der Marke unter der Regie von Harley Earl und Bill Mitchell sowie den benzinfressenden, chrom- und flossenverzierten Sauriern der fünfziger und sechziger Jahre. Ich habe versucht, im Text sowohl die Entwicklung der Technik als auch das Styling der Cadillacs im großen Zusammenhang übersichtlich darzustellen, ohne eines dieser Themen zu bevorzugen.

Die Reproduktionen der Flossen-Cadillacs - vom bedruckten T-Shirt bis zur pinkfarbenen Luftmatratze oder dem Hit „Pink Cadillac" von Modern Talking - sind ein Teil unserer Alltagskultur und eines der populärsten Symbole der Rock'n Roll-Aera. Da auch meine Zuneigung dieser Epoche der Cadillac-Geschichte gilt - und weil diese Fahrzeuge für Sammler heute noch erschwinglich sind - konzentriert sich der Bildteil auf zeitgenössische Abbildungen der Modelle vom Zweiten Weltkrieg bis zur Gegenwart.
Karen Clay (General Motors Public Relations, Detroit) und Frau Sooten (General Motors Continental, Antwerpen) besorgten unzählige historische Aufnahmen aus den Werksarchiven - ohne ihre Mithilfe wäre dieses Buch nicht realisierbar gewesen. Mein besonderer Dank gilt auch Hans-Otto Meyer-Spelbrink (Hannover) und Werner Trielus (Olching), die mich bei der Bearbeitung des Bildteils unterstützten, sowie Dr. Reinhard Colsman (München), der mir wertvolle Hinweise zur Styling-Geschichte von Cadillac zur Verfügung stellte.
Das Vergnügen, das mir die Erforschung von fast neun Jahrzehnten Cadillac-Historie und das Studium alter Verkaufskataloge und Fachzeitschriften bereiteten, wird sicher vom Leser dieses Buches geteilt.

München, im September 1990

Georg Amtmann

EIN KIND MIT VIELEN VÄTERN

Der erste Cadillac von 1902 - das Modell A, hier in viersitziger Ausführung.

Henry Martyn Leland (1843 in Vermont geboren) erwarb sich seine ersten Kenntnisse im Maschinenbau in Waffenfabriken wie der berühmten Firma Colt, bevor er bei Brown and Sharpe, einem Hersteller von Nähmaschinen und Werkzeugen tätig war. Im Jahr 1890 gründete er mit seinem Sohn Wilfred sowie den Partnern Norton und Faulconer eine Maschinenfabrik, die 1896 mit der Herstellung von Motoren begann. Für die Olds Motor Vehicle Corporation (den Vorläufer der heutigen Marke Oldsmobile) wurde ein 1-Zylinder-Motor entwickelt, der jedoch nicht zum Einsatz kam.
Ironie der Geschichte: erst das Ausscheiden von Henry Ford als Ingenieur und Anteilseigner bei der 1899 gegründeten Detroit Automobile Corporation ermöglichte es Leland, seinen Motor an den Mann bringen. Im August 1902 wurde die Detroit Automobile Corporation in Cadillac Automobile Co. umbenannt – nach dem französischen Eroberer und Pionier Antoine de la Mothe Cadillac, der Ende des 17. Jahrhunderts die Ville d'Etroit (das heutige Detroit) begründet hatte.
„Leland and Faulconer" erhielten den Auftrag, die Mechanik für das erste Serienmodell der neuen Marke zu liefern. Im September 1902 begann die Arbeit, und bereits einen Monat später – am 17. Oktober – war das Fahrzeug fertiggestellt. Die Konstruktion des Model A kann keinem Ingenieur eindeutig zugeschrieben werden – Henry Ford entwickelte die ersten Prototypen für Detroit, „Leland and Faulconer" produzierten die mechanischen Komponenten, Chassis und Karosserie entstanden bei Cadillac.
Im Januar 1903 stellte Cadillac den Wagen auf der „New York Automobile Show" aus – und verkaufte die komplette Jahresproduktion von 2.500 Fahrzeugen. Das zwei- oder viersitzige Tonneau kostete 750 Dollar. Mit 10 PS bei 1200 Umdrehungen erreichte das bis 1908 unter jährlich geänderten Bezeichnungen hergestellte Model A (im letzten Produktionsjahr war Cadillac bereits beim Buchstaben T angelangt) eine Höchstgeschwindigkeit von über 50 km/h.
Die wichtigsten technischen Merkmale des ersten Cadillac und seiner Nachfolger waren:

liegend unter dem Fahrersitz eingebauter 1-Zylinder-Motor, 2-Gang-Planetengetriebe, Kettenantrieb zum Differential und Zahnstangenlenkung.

Die Produktionskapazität reichte für die Nachfrage nicht aus, Qualitätsmängel und Probleme bei Cadillac führten zum Zusammenschluß der beiden Herstellerfirmen. Henry M. Leland, sein Sohn Wilfred und der Ingenieur Ernest C. Sweet übernahmen am 27. Dezember 1904 die Leitung des Unternehmens und machten die Cadillac Motor Car Corporation zum damals zweitgrößten Autohersteller der Welt – neben der Fabrik von Ransom Eli Olds mit dem erfolgreichen „Curved Dash".

The Standard of the World

1905 erschien mit dem 30 PS starken Cadillac Model D der erste Vierzylinder des Unternehmens, der mit seinen verschiedenen Abwandlungen bis 1909 gebaut wurde und als Fahrzeug der Spitzenklasse nie an die Produktionszahlen der Einzylinder herankam.
Erst die im August 1908 angekündigte Weiterentwicklung Cadillac Thirty setzte sich richtig durch – bis 1914 wurden über 65.000 Exemplare fertiggestellt. Grundlage dieses Erfolgs waren die rationelle Fertigung und der hohe Qualitätsstandard bei vergleichsweise günstigem Preis: mit $ 1.400 war der Thirty um fast die Hälfte billiger als sein Vorgänger. Der Vierzylinder-Motor hatte anfangs einen Hubraum von 3.700 ccm (226 ci) und gab 30 PS ab, bis 1913 war die Maschine auf 5.980 ccm (365 ci) mit 49 PS gewachsen. Die wichtigste Novität war die 1912 eingeführte Delco-Elektrik: der Cadillac Thirty besaß als erstes Automobil die von Charles F. Kettering entwickelte Zündung mit elektrischem Anlasser sowie elektrischer Beleuchtung als Standardausrüstung.
Für diese Neuerung verlieh der britische Royal Automobile Club der Marke zum zweiten Mal die „Dewar Trophy". Bereits 1908 hatte Cadillac für die Standardisierung und die hohe mechanische Präzision aller Teile diese begehrte Trophäe erhalten. Drei Wagen wurden damals bis zur letzten Schraube zerlegt, anschließend aus den unsortierten

Cadillac Thirty von 1908 als noble Chauffeur-Limousine.

Teilen wieder zusammengebaut und einer 500 Meilen langen Probefahrt auf der neuen Rennstrecke von Brooklands unterzogen. Ein großartige Leistung in einer Epoche, in der fast alle Fahrzeuge noch als Einzelstücke in Handarbeit gefertigt wurden – und der Ursprung des Slogans „The Standard of the World", der noch heute stolz zitiert wird.

Der Weg zu General Motors und zum V8

Kurz nach der Vorstellung des Cadillac Thirty im Jahr 1908 erhielten die Lelands ein Übernahmeangebot von drei Millionen Dollar für ihre Gesellschaft. William Crapo Durant hatte 1904 die erfolglose Konstruktion von David Dunbar Buick eingekauft und die Marke bis 1907 zum zweitgrößten Hersteller neben Ford gemacht. Der Gründung von General Motors am 16. September 1908 folgten der Kauf von Olds, Oakland und zahllosen kleineren Fahrzeugherstellern und Zulieferbetrieben. Erst bei 4,5 Millionen Dollar – die Marke hatte durch das erfolgreiche Modell frischen Auftrieb gewonnen – nahm Leland das Kaufangebot von Durant an, und am 29. Juli 1909 wurde Cadillac General Motors angegliedert.

Im September 1914 präsentierte Cadillac den ersten V8 der Automobilgeschichte, der in Großserie ging. Nach Vorarbeiten von Kettering und Deeds, die auch einen De Dion V8 genau untersucht hatten, wurde die Konstruktion unter größter Geheimhaltung von dem gebürtigen Schotten D. McCall White fertiggestellt. Der 5,1-Liter-Motor leistete auf Anhieb 70 PS bei 2.400 Umdrehungen. Dieser Typ 51 lag preislich nicht über den Vorgängermodellen mit Vierzylindermotor und erreichte bereits bis Ende 1915 die Rekordzahl von 20.404 Exemplaren. Bis 1925 wurde der V8 unter verschiedenen Typenbezeichnungen (53, 55, 57, 59 und 61) weitergeführt und ständig verbessert – so führte Cadillac 1924 als erste amerikanische Marke die Vierradbremse ein. Die letzte Ausführung V 63 – eine besonders vibrationsarme Neukonstruktion – war bei 83 PS angelangt und mit vierzehn verschiedenen Karosserien zu Preisen zwischen 2.985 und 4.950 Dollar erhältlich. Über 200.000 der Achtzylinder wurden in einem Jahrzehnt hergestellt – bemerkenswert ist, daß das Modell im letzten Produktionsjahr die höchste Verkaufszahl erreichte. Nur 1921 ging die Stückzahl auf 11.130 Fahrzeuge zurück, als Cadillac die neu erbaute Fabrik in der Detroiter Clark Avenue bezog. Im Ersten Weltkrieg kamen über 2.000 Cadillac V8 als Standard-Offizierswagen für die U.S. Army sowie in kleinerer Zahl für die französischen und britischen Truppen nach Europa.

Der Krieg war indirekt auch die Ursache für die Trennung der Gründerfamilie von Cadillac. William C. Durant, wie Henry Ford ein überzeugter Pazifist, lehnte die Herstellung von Kriegsmaterial ab. Henry und Wilfred

Dieser luxuriöse „Touring Car“ von 1912 war der erste Wagen mit elektrischem Anlasser.

Charles F. Kettering entwickelte die Delco-Elektrik und später den V8-Motor für Cadillac (Aufnahme aus dem Jahr 1958).

Leland verließen die Marke und gründeten die Firma Lincoln, um dort den Liberty-Flugmotor (eine Gemeinschaftsproduktion der amerikanischen Automobilindustrie) herzustellen. In der letzten Phase des Krieges wurde dieser legendäre V12 auch in kleiner Auflage bei Cadillac montiert.
Zahlreiche engagierte Ingenieure folgten den Lelands zu Lincoln, wo man ab 1920 Luxuswagen herstellte. D. McCall White (bis 1918 Chefkonstrukteur) nahm zahlreiche fähige Mitarbeiter zu der von ihm gegründeten Marke LaFayette (später bei Nash) mit. Sein Nachfolger, Ben Anibal, ging 1921 mit R. H. Collins zur Luxuswagenmarke Peerless. Dann prägte Ernest W. Seaholm bis 1943 die technische Entwicklung bei Cadillac – unterstützt von William R. Strickland, Frank Johnson und Owen M. Nacker.

Im August 1925 stellte Cadillac den Typ 314 vor – der V8 war trotz unveränderter Basisdaten eine Neukonstruktion. Hauptziel der Überarbeitung von Kühlsystem und Elektrik war eine Verbesserung der Reparaturfreundlichkeit, vor allem der Zugänglichkeit der Nebenaggregate.
Längs angeordnete, halbelliptische Federn machten den 314 niedriger. Die von Fisher hergestellten Karosserien waren bis zu 500 Dollar billiger als die Vorgänger und wurden in zwei Serien hergestellt. Die Standardmodelle auf einem Radstand von 132 Inchs kamen als Brougham ($ 2995), zweisitziges Coupé ($ 3.045), Victoria ($ 3.095), Sedan (Fünf- oder Siebensitzer, $ 3.195 und 3.295) sowie als Imperial ($ 3.435) auf den Markt. Die Reihe Custom hatte mit Ausnahme des Roadster ($ 3.250) einen Radstand von 138 Inchs und wurde serienmäßig mit Duco-Nitrocellulose-Lack ausgeliefert. Hier gab es Touring Car und Phaeton für $ 3.250, Coupé ($ 4.000) und Sedan ($ 4.150) sowie die Spitzenmodelle Suburban und Imperial für $ 4.285 und 4.485.

Für 1927 bot man den technisch unveränderten 314 A in einer nochmals erweiterten Palette von Karosserien an: Fisher lieferte zusätzlich zu den oben aufgezählten Ausführungen die Aufbauten Sport Landau Sedan, Custom Convertible Coupé, Imperial Sedan, Sport Phaeton und Victoria Coupé. Als „Special Custom Line“ bot Cadillac achtzehn Fleetwood-Karosserien, vier Aufbauten von Brunn und zehn Entwürfe anderer Hersteller an. 500 Farbkombinationen wurden für die fünfzig Variationen des 314 A offeriert, von dem im Modelljahr 1927 genau 36.369 Exemplare das Werk verließen.

Der „kleine" Cadillac

Nach dem zweiten und endgültigen Ausscheiden von William C. Durant bei General Motors hatte das Markenkonglomerat 1921 einen Marktanteil von nur zwölf Prozent, während Ford mit sechzig Prozent den Löwenanteil der amerikanischen Produktion auf sich vereinigte. Der im März 1927 vorgestellte La Salle sollte die Stückzahlen bei Cadillac vergrößern. Als Namensgeber für die neue Marke wählte man wie bei Cadillac einen französischen Eroberer: René Robert Cavelier, Sieur de la Salle hatte 1682 Louisiana für Ludwig XIV in Besitz genommen.

Mit dem von Harley Earl entworfenen La Salle unternahm Cadillac als erster Autohersteller den Schritt zum systematischen Styling seiner Modelle – eine Führungsrolle, die die Marke über viele Jahre nicht abgab. Der mit elf verschiedenen Aufbauten hergestellte Wagen orientierte sich eindeutig an europäischen Vorbildern der Oberklasse (Harley Earl selbst nannte den Hispano-Suiza) und lag mit einem Preis von $ 2.495 bis 2.685 Dollar zwischen dem teuersten Buick und dem billigsten Cadillac.
Der V8 des La Salle 303 war ein naher Verwandter des bekannten Cadillac-Aggregats. Frank Johnson konstruierte den in der Bohrung auf 303 ci verkleinerten Motor mit 75 PS. Der La Salle war auf Anhieb erfolgreich – im ersten Modelljahr wurden 26.805 Fahrzeuge verkauft, 1929 konnte man 22.961 Einheiten absetzen. Der größere Nachfolger von 1930 – mit 340 ci und einem Radstand von 134 Inchs – kam in diesem Krisenjahr nicht zum Zug – nur 14.995 Modelle gingen an die Händler. Die folgende Annäherung an die Cadillac-Modelle, zuerst mit einer Übernahme des V8 mit 353 ci, dann mit der Verwendung eines identischen Chassis, ließ die Produktionszahl des La Salle 1932 und 1933 auf knapp 3.500 Stück fallen.

William Crapo Durant - der Gründer von General Motors schied am 30. November 1920 endgültig aus dem Unternehmen aus.

Ein völlig neues Modell – mit einem Reihen-Achtzylinder von Oldsmobile und einem hochmodernen Karosserieentwurf von Harley Earl – konnte sich in drei Jahren nicht gegen die zahlreiche Konkurrenz seiner Klasse und speziell den preisgünstigeren Packard 120 durchsetzen. Für 1937 kehrte man deshalb wieder zum bewährten Cadillac V8 zurück – und erzielte mit 32.000 Fahrzeugen einen unerwarteten Erfolg. La Salle fand jedoch nie den Anschluß an die renommierten Luxuswagenmarken – 1938 sank die Produktion der als Cadillac Serie 50 geführten Autos bereits wieder um die Hälfte, 1939 folgte eine kurzfristige Erholung auf 22.000 Fahrzeuge. Das letzte Jahr der Marke, die wie viele andere Neugründungen der zwanziger Jahre nie eine eigene Identität gewonnen hatte, war 1940. Entwürfe für 1941 wurden nicht mehr realisiert. Trotz des Mißerfolgs war der Name immer wieder im Gespräch: als Showcar La Salle II im Jahr 1955 und sogar als mögliche Typenbezeichnung für den heutigen Cadillac Seville.

Der V8 in kritischen Jahren

Mit dem 341 von 1928 übernahm auch das Stammhaus die von Harley Earl für den La Salle entwickelte Form. Mit verlängertem Radstand und auf 341 ci vergrößerten Motor war dieser Cadillac in 26 Karosserieversio-

La Salle 303 von 1927 - der elegante Erstling des Stylisten Harley Earl.

nen von Fisher und Fleetwood lieferbar. Im ersten Modelljahr stellte man 40.000 Exemplare her. Der Jahrgang 1929 war trotz neuer Verfeinerungen wie Sicherheitsglas, besseren Bremsen, dem ersten Syncro-Mesh-Getriebe mit synchronisiertem 2. und 3. Gang weit weniger erfolgreich: die Weltwirtschaftskrise forderte ihren Tribut, die Produktion des 341 B ging auf 18.000 Fahrzeuge zurück, im folgenden Jahr (mit auf 353 ci vergrößerten Hubraum und 95 PS bei 3000 Umdrehungen) sogar auf 11.000 Fahrzeuge.

Der V8 wurde kontinuierlich weiterentwickelt: für den 355 von 1931 kamen neue Karosserien auf einem neuen Rahmen, der 355 B (1932) hatte 115 PS, Freilauf und Ride Regulator. Bremskraftunterstützung im 355 C von 1933 und unabhängige Vorderradaufhängung sowie eine Leistungsanhebung auf 130 PS bei 3400 Umdrehungen im 355 D von 1934 waren die letzten Verbesserungen der aus dem Jahr 1927 stammenden Konstruktion. Das Modell beendete seine Karriere unter der neuen Bezeichnung Series 10 im Sommer 1935.

1936 stellte Cadillac alle Modellbezeichnungen auf ein bis in die sechziger Jahre gültiges Nummernsystem um und führte gleichzeitig die dritte Generation des V8 sowie hydraulische Bremsen ein. Die Serie 60 mit 322 ci und 125 PS trug die gleiche Karosserie wie die kleineren Buick-Typen, während sich die 70 und 75 ihr Kleid mit den größeren Buick – allerdings mit Verfeinerungen von Fleetwood – teilen mußten. Der größere Motor mit 346 ci, 135 und später 150 PS war von 1937 bis 1949 das Standardaggregat für alle Cadillac. 1937 kam die Serie 65, 1938 lieferte William Mitchell sein erstes Meisterstück mit dem 60 Special: aus einem ursprünglich für La Salle entwickelten Prototyp entstand eine niedrige Karosserie, die das Automobilstyling des folgenden Jahrzehnts entscheidend beeinflußte. Wichtigste Merkmale waren der Verzicht auf Trittbretter, größere Fenster und die harmonische Integration des Kofferraums in die Gesamtform. Im ersten Jahr wurde dieses Modell mit 3.703 Einheiten der meistverkaufte Cadillac und blieb bis 1941 mit geringfügigen kosmetischen Änderungen im Programm. Mit Ausnahme der Einführung von Hydramatic und Klimaanlage als Zubehör bot Cadillac in den nächsten Jahren keine wesentlichen technischen Entwicklungen. Regelmäßige Stylingkorrekturen standen im Mittelpunkt, und 1941 erschien eine komplett neue Karosserie. Mit den Serien 61, 62, 63, 60 Special, 67 und 75 – einheitlich mit dem

346-ci-V8 mit 150 PS versehen – offerierte man das bisher umfangreichste Programm, das die Rekordverkaufszahl von über 66.000 Wagen erreichte. Attraktivste Karosserie war das Coupé mit Fastback. Nach einem erneuten Restyling lief im Februar 1942 die Friedensproduktion aus.

Die legendären V 16

Nur wenige Wochen nach dem „Schwarzen Freitag" an der New Yorker Wall Street, im Dezember 1929, stellte Cadillac den legendären V16-Motor vor. Die 1926 begonnene Konstruktion war für den Geldadel der „Goldenen Zwanziger" bestimmt – ein Prozent der amerikanischen Bevölkerung erwirtschaftete damals 19 Prozent des Volkseinkommens. Die Konkurrenz, Marken wie Pierce-Arrow, Lincoln, Franklin, Marmon und vor allem Packard mit dem V12, die sich den kleinen Markt der oberen Zehntausend mit internationalen Größen wie Isotta-Fraschini oder Hispano-Suiza teilten, wollte man empfindlich treffen – und gleichzeitig ein Zugpferd für die „normalen" Produkte von General Motors schaffen. Im Rückblick kann man dem V16 – dem ersten serienmäßigen V16 der Automobilgeschichte – bestätigen, daß dieses Ziel erreicht wurde. Trotz der ungünstigen Geburtsstunde – der erste Wagen wurde im Januar 1930 auf der „New York Automobile Show" gezeigt – fand der luxuriöse V16 bei der Presse und beim Publikum eine hervorragende Aufnahme: im ersten Produktionsjahr wurden 2.887 Exemplare verkauft. 175 PS aus 452 ci (7.400 ccm) sorgten schon bei 1.500 Umdrehungen für ein üppiges Drehmoment und eine Beschleunigungszeit von 20 Sekunden auf 60 mph (96 km/h). Die Zeitgenossen, die für den von Fleetwood in dreißig Karosserieversionen eingekleideten V16 zwischen sechs- und zehntausend Dollar anlegten, konnten den üppigen Verbrauch von 30 Liter auf 100 km leicht verschmerzen.

Schon im September 1930 führte man mit dem 370 ein weiteres Spitzenmodell ein, einen im Fahrgestell des V8 installierten V12 mit 370 ci und 135 PS bei 3.400 Umdrehungen. Der Motorblock war eine um vier Zylinder verkürzte Version des V16. 1931 machte sich der Zusammenbruch des Luxuswagen-Marktes mangels potenter Kunden empfindlich bemerkbar. Ab 1934 wurde der V16 nur noch auf Bestellung gebaut; in diesem Depressionsjahr fertigte Cadillac 56 Exemplare, 1937 waren es nur noch 49 Stück. Der V12 kam nach 1933 nie über die Marke von 1.000 Exemplaren (Serie 40 1935: 377, Serie 85 1936: 651 und 1937 474 Stück) und so ließ man beide Typen auslaufen.

Trotz dieser winzigen Stückzahlen und der

Serie 62 und konnte bis zum Jahresende 1.142 Fahrzeuge fertigstellen.

„Vom Sieg auf dem Schlachtfeld zum Sieg auf dem Highway“ – mit diesem Slogan eröffnete der erste Nachkriegsprospekt im Dezember 1945 den Kampf um Marktanteile.

Nicht ohne Stolz vermerkte man, daß die Produktion des bewährten V8 und des Hydramatic-Getriebes in vier Kriegsjahren mehr Verbesserungen zur Folge hatte, als in Friedenszeiten möglich gewesen wären. Markige Sprüche – „die Schlachtfelder der Welt waren unser Testgelände“ – und ein Dank an die Techniker der U.S. Army und Navy luden die Kriegsheimkehrer zu einer Probefahrt ein.

In vier Serien – 61, 62 mit verlängertem Radstand, Fleetwood 60 Special und Fleetwood 75 bot man die aus dem Jahr 1942 bekannten Typen mit geringfügigen kosmetischen Retuschen an; erstmals waren alle Modelle wahlweise mit Hydramatic lieferbar. Der Katalog befaßte sich ausführlich mit den Vorteilen der Automatik und verstieg sich sogar zu der Behauptung, man könne von New York nach San Francisco fahren, ohne einen Hebel zu berühren.

Die Palette der Karosserien war im Vergleich zur Vorkriegszeit mager: den größten Anteil hatte der als erster in Produktion genommene 62 Touring Sedan mit Stufenheck (14.900 Exemplare), das zweitürige Club Coupé und der viertürige Touring Sedan mit dem klassischen Fastback, das Cabriolet und die großen Limousinen erreichten nur geringe Stückzahlen. Die Serie 61 wurde im Mai 1946 wieder aufgelegt, die Fleetwood 60 Special und Fleetwood 75 kamen erst im August 1946 aufs Fließband. Materialknappheit und Umstellungsprobleme behinderten auch bei Cadillac die Rückkehr zur Friedensproduktion –

Tatsache, daß der neue V8-Motor in Leistung und Laufruhe seine vielzylindrigen Brüder eingeholt hatte, entschloß man sich zu einem neuen Entwurf. Der neue V16 war eine wesentlich leichtere und einfachere Konstruktion, leistete wie sein Vorgänger 185 PS und krönte die Cadillac-Modellreihe von 1938 bis 1940: nur 508 Wagen verließen das Werk, doch der Zweck des kostspieligen Unternehmens war erfüllt – Cadillac hatte sich endgültig als gehobene Luxusmarke etabliert.

Cadillac V 16 von 1930: eindrucksvolle Luxuslimousine für sieben Passagiere.

Vom Schlachtfeld auf die Highways

Am 24. August 1945 lief der letzte Panzer vom Typ M 24 vom Band, das sofort wieder für die Zivilproduktion umgerüstet wurde. Bereits am 17. Oktober baute man den ersten Serienwagen, eine viertürige Limousine der

VOM SCHLACHTFELD AUF DIE HIGHWAYS

im Modelljahr 1946 wurden nur 28.144 Wagen gefertigt.
Nach heutigen Maßstäben bescheiden war die Auswahl von drei Polsterstoffen und die Auflistung der ungewöhnlichen Außenstattungsmerkmale beim Cadillac 61 Five-Passenger Touring Sedan: Türbeschläge aus orientalischem Walnußholz, Haltegriffe, Innenbeleuchtung, ausklappbare Armstützen an den Vordertüren, eine neue Radioabdeckung, elektrische Uhr, Zigarettenanzünder, Beleuchtung des Handschuhkastens und verstellbare Sonnenblenden.
Beim 61 Five-Passenger Club Coupé verwies der Katalog besonders auf die Tatsache, daß dieser mit 2.022 Dollar billigste Cadillac mit Fisher-Karosserie vor allem für Besitzer gedacht sei, die ihren Wagen selbst steuern wollten. Die Innenausstattung – mit Fensterkurbeln für die hinteren Seitenfenster, Aschenbechern in den Armlehnen und einer durchgehenden Rücksitzbank war in blaugrauer, hellbrauner oder grüner Polsterung lieferbar.
Das 62 Convertible Club Coupé glänzte mit hydraulisch versenkbarem Verdeck, elektrischen Fenstern und elektrisch verstellbarer Vordersitzbank sowie Lederpolstern, die in schwarz, hellbraun, rot, grün oder blau passend zur Wagenfarbe geordert werden konnten.
Im 75 Fleetwood – äußerlich deutlich an den Edelstahl-Trittbrettern erkennbar – genossen die Rücksitzpassagiere die Fahrt auf schwellenden Polstern. Dicke Kinkomo-Teppiche, ein in den Armlehnen untergebrachtes Set mit Notizblock, Feuerzeug und Aschenbecher, „Courtesy Lights" im Fußraum sowie die auf der rechten Seite installierte Fernbedienung für das Radio sorgten für optimalen Komfort.

Als Sonderzubehör besonders herausgestellt wurden das thermostatgesteuerte „Cadillac Automatic Heating System" und das Drucktasten-Radio mit elektrischer Antenne. Schonbezüge, Rückfahrscheinwerfer, Scheibenwaschanlage, Suchscheinwerfer, Nebellampen und Außenspiegel zählten damals auch in der Luxusklasse zu den Extras, die der Käufer gesondert bezahlen mußte.

Schon 1947 verfehlte Cadillac den Produktionsrekord aus dem Jahr 1941 nur um knapp 150 Einheiten und lieferte fast 60.000 Wagen an die Kunden aus. Angesichts der in den Kriegsjahren aufgestauten Nachfrage konnte man nicht alle Besteller bedienen – kein Wunder, daß das Management nur unbedeutende Details am Kühlergrill und bei der Farbauswahl veränderte, den Preis aller Modelle aber deutlich anhob. Der billigste Cadillac 61 kostete nun $ 2.060 (in der Schweiz mußte man für einen 62 Sedan 21.250 Franken anlegen), für den teuren 75 Limousine hatte der Käufer $ 4.095 auszugeben.

Die ersten Heckflossen am zweitürigen Cadillac 62 von 1948

Heute sehr begehrt - das in kleinen Stückzahlen gebaute Coupé de Ville von 1949.

Phantastische Flossen

Das Modelljahr 1948 brachte Cadillac einen stilistischen Meilenstein, der das Image der Marke und die optische Entwicklung des Automobils über ein Jahrzehnt bestimmen sollte. Während man in europäischen Fachzeitschriften noch über Zweckmäßigkeit und Eleganz der Pontonform diskutierte, setzten Harley Earl und sein Team der neuen Cadillac-Karosserie zwei kleine Heckflossen auf. Dieses vom Kampfflugzeug Lockheed P 38 Lightning inspirierte Detail provozierte vielfach entrüstete Ablehnung und wurde als Geschmacklosigkeit eingestuft. Die Käufer waren jedoch nach anfänglicher Zurückhaltung begeistert und die Heckflossen wurden zum zweiten – und vielfach kopierten – Markenzeichen von Cadillac.
Insgesamt war der erste Nachkriegs-Entwurf von General Motors wohl gelungen – statt einer reinen Pontonkarosserie im Stil von Kaiser und Frazer schuf Harley Earl eine interessante Übergangsversion mit klar gegliederter Frontpartie und angedeuteten Hinterkotflügeln. Mit Ausnahme der wuchtigen Stoßstange und dem massiven Grill wurde nur sparsamer Chromschmuck angebracht. Die drei Versionen (viertürige Limousine, zweitüriges Coupé mit Fließheck und Cabriolet) fanden im ersten Jahr trotz einer saftigen Preiserhöhung fast 50.000 Käufer. Der große Typ 75 blieb noch über ein Jahr formal unverändert im Programm.

1949 kam mit dem im Januar vorgestellten revolutionären neuen V8 der endgültige Durchbruch Cadillacs zur führenden Luxusmarke der Vereinigten Staaten. Der überquadratische, hochverdichtete OHV-Motor mit ursprünglich 331 ci (5.400 ccm) leistete 160 PS bei 3.800 Umdrehungen. Höhere Verdichtung und Drehzahlen, die fünffach gelagerte Kurbelwelle sowie die bessere Kraftstoffqualität ermöglichten Leistungen, die vorher bei Cadillac nur von den V16 erreicht wurden – und das bei einem im Vergleich zum Vorgänger reduzierten Hubraum. Dieses Aggregat war nicht nur für jeden Cadillac der fünfziger Jahre die treibende Kraft, sondern gleichzeitig Vorbild aller großvolumigen Motoren der Konkurrenz. Diese hatte dem V8 außer Vorkriegsmotoren vorläufig wenig entgegenzusetzen – Packard mußte sich notgedrungen auf die alten Sechs- und Achtzylinder-Reihenmotoren verlassen, Lincoln hatte seinen betagten V8 soeben aufgefrischt, Chrysler's Hemi war noch nicht in Sicht.
Die Käufer honorierten das Investment in die neue Maschine mit einem wahren Ansturm auf die Cadillac-Vertretungen, die im Modelljahr 1949 exakt 92.554 Wagen absetzen konnten. Ein Rekord nicht nur für die Marke, sondern eine stattliche Stückzahl für die Luxusklasse.
Mit Ausnahme des Coupé de Ville in der Baureihe 62, das erst mit Verspätung vorgestellt wurde und wegen seiner geringen Auflage von 2.150 Fahrzeugen als erstes Hardtop von Cadillac heute besonderen Sammlerstatus genießt, blieb die Zusammensetzung der Modellreihen 61, 62, 60 Special und 75 unverändert. Die Hydramatic wurde im 62 und 60 Special jetzt serienmäßig installiert, alle anderen Modelle konnten wahlweise mit der Automatik oder dem normalem 3-Gang-Getriebe geordert werden. Ein Coupé de Ville lief als millionster Cadillac am 25. November 1949 vom Band.
Wichtigste Änderungen für 1950 waren – neben der Angleichung der Serie 75 an die Optik der anderen Modelle – die Einführung der durchgehenden Windschutzscheibe und eine Neugestaltung der Seitenlinie: die senkrechte Zierleiste vor dem hinteren Kotflügel blieb bis 1956 ein charakteristisches Merkmal aller Cadillacs. Erstmals erreichte die Marke 1950 mit 110.535 Fahrzeugen im Kalenderjahr eine sechsstellige Produktionszahl.
Mitte 1951 wurde die preiswertere Serie 61 – seit 1950 mit auf 122 Inchs verkürztem Radstand – eingestellt; billigster Cadillac war jetzt der 62 mit $ 3528, der wie alle andere Baureihen ohne bedeutende Veränderungen weiterproduziert wurde. Der Käufer eines 60 Special hatte 1951 die Wahl zwischen Polstern in grün, hellbraun, blau oder grau – Dachhimmel, Türverkleidungen und Bodenteppiche waren farblich dezent auf die jeweilige Polsterung abgestimmt. Elektrische Fensterheber – individuell oder vom Fahrersitz

Traumwagen par excellence: der rare Eldorado aus dem Jahr 1953.

Series 60 Special Fleetwood Sedan - Modelljahr 1955.

aus bedienbar – sowie die elektrisch verstellbare Vordersitzbank zählten zur Serienausrüstung. Für das 62 Coupé de Ville bot Cadillac drei Kombinationen der Stoff- und Lederpolsterung an: blau mit grau, hellbraun mit hellgelb sowie zwei Grüntöne. Die Tönung des Dachhimmels war dem Leder angepaßt, die der Teppiche den Stoffarben. Der 62 Sedan war in grau oder hellbraun farblich weniger opulent ausgestattet, doch versprach der Katalog auch hier „erhöhte Attraktivität durch großzügige Verwendung von Chrombeschlägen".

Neue Instrumente, eine Handbrems-Warnleuchte, das geanderte Zundschloß sowie die in die Verkleidung der Lenksäule integrierte Hydramatic-Anzeige kennzeichneten das Armaturenbrett des Jahrgangs 1951.

Erst der Golden Anniversary Cadillac von 1952 brachte wieder eine gründliche Überarbeitung: die Leistung des stärksten amerikanischen V8 stieg mit einem Vierfach-Fallstromvergaser von Rochester auf 190 PS bei 4.000 Umdrehungen – das PS-Rennen war mit der Vorstellung des Chrysler Hemi 1951 richtig in Gang gekommen. Die Dual Range Hydramatic war jetzt in allen Typen außer dem 75 serienmäßig; Servobremsen, Saginaw-Servolenkung und elektrische Fensterheber waren die attraktivsten Extras, die der Kunde erstmals für das Jubiläumsmodell bestellen konnte. Interessante Stylingdetails dieses Jahrgangs waren die in die hintere Stoßstange integrierten Auspuffrohre sowie die „Dagmar-Bumpers" – Stoßstangenhörner, die ihre weibliche Bezeichnung mit vollem Recht trugen. Nicht nur Zeitgenossen wurden beim Anblick eines Cadillac an vollbusige Filmstars erinnert. Wer die inoffizielle Bezeichnung „Dagmar" erfand oder inspirierte, ist leider nicht bekannt...

Die Jahresproduktion ging geringfügig auf 96.850 Fahrzeuge zurück.

Symbol des American Way of Life

Der Cadillac war zu dieser Zeit auch in Europa ein Symbol für Wohlstand und Luxus. Der Prospekt von 1953, den die Schweizer Filiale von General Motors in Biel in aufwendiger Aufmachung mit Spiralbindung herausgab, spricht für sich selbst:

„Für die Bevorzugten dieser Welt, die den Besitz der edelsten und vollkommensten von Menschenhand gebauten Erzeugnisse zu schätzen wissen, ist der Cadillac geschaffen worden. Er verkörpert das Können der besten Ingenieure und die gewaltigen technischen Mittel des größten Automobilkonzerns der Welt. Der Vollkommenheit kommt er so nahe, wie dies für ein Produkt der Technik überhaupt möglich ist.

Wer einen Cadillac sein eigen nennt, lernt die höchsten Genüsse kennen, die das Fahren mit einem Automobil zu bieten vermag. Nicht umsonst nennen ihn seine Schöpfer den stärksten Personenwagen der Welt. Von der luxuriösen, höchsten Ansprüchen genügenden Ausstattung über die in der ganzen Welt als Maßstab der Eleganz anerkannten Karosserien bis zur Konstruktion auch des geringsten Details ist der Cadillac 1953 das Spiegelbild des Strebens der General Motors nach den obersten Grenzen und der höchstmöglichen Qualität im Automobilbau.

Der viertürige Sedan

Dem Luxus eines geschmackvoll ausgestatteten Interieurs entspricht die machtvolle und prägnante Linie des viertürigen Cadillac Sedans. Der kaum hörbar arbeitende Kettering-Motor erteilt dem geräumigen Wagen die Behendigkeit eines Sportfahrzeugs. Dank dem unvergleichlichen Hydramatic-Dual-Range-Getriebe und der neuen Servo-Lenkung unterwirft sich der Cadillac dem Kommando des erfahrenen Automobilisten ebenso wie der Hand der eleganten Dame.

Das zweitürige Cabriolet

Mit niedergelegtem Verdeck bezaubert das neue Cadillac-Cabriolet, von vielen als die persönlichste und ausdrucksvollste der Cadillac-Karosserien bezeichnet, durch seine anmutige Linie und die bei schöner Witterung unvergleichliche Rundsicht. Geschlossen bietet es aber dank der Kombination der besten Verdeckmaterialien und den fernbetätigten Fenstern den Komfort und den Schutz vor allen Unbilden der Witterung wie ein geschlossener Wagen.

Der viertürige Special Sedan Fleetwood

In der Linie des Special Sedan zeigt sich das überragende Können des führenden amerikanischen Spezialkarossiers. Der neueste Sproß der Cadillac-Familie darf den Anspruch erheben, die sprichwörtliche Geräumigkeit der großen Fisher-Karosserien mit der einmaligen Eleganz des Sondererzeugnisses zu verbinden. Dank dem verlängerten Radstand wird die Harmonie seiner langgestreckten Proportionen noch unterstrichen.

Das Faux-Cabriolet Coupé de Ville

Wer sowohl die intime Geschlossenheit des Coupés wie auch die ungehinderte Rundsicht des Cabriolets zu schätzen versteht, wird alle seine automobilistischen Wünsche im Cadillac Coupé de Ville erfüllt finden. Die harmonische Linienführung der vierfenstrigen Karosserie läßt die Raumfülle des Interieurs zur

Überraschung werden. Von den Amerikanern treffend als „Cabriolet mit festem Dach" bezeichnet, schafft das Coupé de Ville die Atmosphäre des sportlichen offenen Wagens und bietet dazu die Sicherheit des Sedans.

Der achtsitzige Sedan
Das Spitzenprodukt der Cadillac-Reihe von 1953, der achtsitzige Sedan mit vier Türen, ist der vornehme Repräsentationswagen der großen Welt. Dieses Fahrzeug, das auch als Chauffeurlimousine mit Trennwand und ledergepolsterten Vordersitzen gebaut wird, wird von den Angehörigen der gesellschaftlichen Elite aller Länder bevorzugt."

In der Schweiz wurden Sedan (6219) und Cabriolet (6267) für 31.500 bzw. 33.500 Franken verkauft. Nur auf besondere Bestellung erhältlich waren Coupé de Ville (33.000 sfr), 60 Sedan (34.500 sfr), 75 Imperial (42.500 Franken) und das Eldorado Cabriolet (49.000 Franken). Die 103.000 Cadillac des Jahrgangs 1953 erzielten mit der von 7,5:1 auf 8,25:1 gesteigerten Verdichtung und der Leistungserhöhung auf 210 PS einen Vorsprung von 30 PS auf den neuen Chrysler Hemi. Damit ließen sich Beschleunigungszeiten von 0-60 Meilen (96 km/h) in 12,2 Sekunden oder von 0-80 Meilen (128 km/h) in 20,8 Sekunden erreichen. Die 12-Volt-Elektrik war ab sofort serienmäßig, als beliebteste Optionen galten die neue Air Condition für $ 619 und der unvermeidliche „Continental Kit".
1954 brachte einen um drei Inchs verlängerten Radstand für alle Baureihen sowie eine nochmalige Leistungssteigerung auf 230 PS bei 4.400 Umdrehungen. Die Panoramascheibe fand sich jetzt in allen Modellen. Bestandteil der Serienausstattung waren ab diesem Jahrgang Servolenkung (1953 hatten 93 Prozent der Käufer dieses Extra bestellt), Scheibenwaschanlage, linker Außenspiegel, Ölfilter, Make-up-Spiegel sowie Radkappen im Stil des Orleans-Traumwagen. Die Servobremse (Auxiliary Power Braking) war nur im Eldorado serienmäßig, wurde aber den Käufern der billigeren Modelle gegen Aufpreis empfohlen.

Der Eldorado war nur noch eine Abwandlung des Standard-Cabriolets, die mit einer weniger luxuriösen Innenausstattung, Speichenrädern und auf $ 5.738 gesenkten Preis immerhin 2.150 Käufer fand.
Völlig neugestaltet wurde in diesem Jahr das Armaturenbrett: in der Mitte dominierte der größere Tachometer mit dicker Chromumrandung, die Oberseite bedeckte ein „Elascofab" genanntes Kunstleder. Ein breiter, gerippter Chromstreifen zog sich –nur unterbrochen von Radio und Uhr – bis zur Beifahrertür. Die untere Hälfte des Armaturenbretts war in Wagenfarbe lackiert – an die Stelle der Lautsprecherverkleidung früherer Modelle rückte ein großer Aschenbecher. Echte Wohnzimmeratmosphäre vermittelten die gesteppten

Eine wahre Orgie in Farbe und Chrom bot der Eldorado, der auf Anhieb durch die geriffelte Chrombeplankung über dem hinteren Radausschnitt zu erkennen war. Ein feines Detail war die Chromplatte unter dem Türgriff, die den Lack vor Kratzern schützen sollte – weniger dezent wirkten die beiden vergoldeten Wappen an der Tür und am Hinterkotflügel. Wappenprägungen auf den Sitzen sollten auch im Innenraum den gehobenen Status des Eldorado-Fahrers bestätigen. Die Ledersitze in rot, gelb, schwarz oder blau – jeweils mit weiß abgesetzten Sitzflächen – konnten mit mit den Lackierungen Aztec Red, Azure Blue, Alpine White oder Apollo Gold zu zahlreichen schrillen Farbzusammenstellungen kombiniert werden.

Meistgebauter Cadillac im Jahr 1956: über 41.000 Sedan de Ville rollten vom Band.

Sitzpolster und Türverkleidungen im 62 Sedan und Coupé. Die Bezüge aus Gabardine oder Nylon waren in hellen Tönen gehalten (grau, blau oder grün), die Sitzkanten und Türverkleidungen waren mit dunklerem Gabardine-Stoff in passenden Tönen bezogen. Im 62 Coupé kombinierte man dunkles Leder der gleichen Farbtöne und Nylon mit Blumenmuster in metallisiertem Silbergrau. Stolz wies der Prospekt darauf hin, daß der Wagen deshalb „mit Abstand der modischste Wagen seines Jahrgangs ist". Für das Cabriolet offerierte Cadillac Ausstattungen in zweifarbigem Grün oder Blau, in blau/weiß sowie blau/grün sowie einfarbige Interieurs in rot, schwarz oder hellbraun.

Die Epoche der Traumwagen

Traumwagen waren der dernier cri der fünfziger Jahre – speziell der General Motors Le Sabre von 1951 erregte so großes Aufsehen, daß sich die „Big Three" bald mit ganzen Serien von „Dream Cars" gegenseitig zu übertreffen versuchten. Allen voran General Motors, wo man mit dem Motorama (einer Ausstellung, die zuerst im New Yorker Waldorf Astoria Hotel und dann in zahlreichen anderen Großstädten gezeigt wurde) den autohungrigen Amerikanern die neuesten Projekte vorstellte und gleichzeitig den Publikumsgeschmack testete.
Der erste Traumwagen von Cadillac war der

Eldorado – mit vielen Stilelementen des Le Sabre und ausnahmsweise kein Einzelstück, aber nur für einen exklusiven Kundenkreis bestimmt. Am 20. Januar 1953 übertrug das Fernsehen die Amtseinführung des 34. Präsidenten der Vereinigten Staaten – die Zeremonie begann mit einer Parade in der Pennsylvania Avenue. Dwight D. Eisenhower lächelte aus dem Fond eines Cadillac Eldorado Convertible. Der weiße Wagen war eines der ersten Serienfahrzeuge.

Äußerlich unterschied sich der für $ 7.750 käufliche Traumwagen durch ausgeschnittene Türen, Speichenräder, eine Metallabdeckung für das Cabrio-Verdeck, das ledergepolsterte Armaturenbrett und die Panoramascheibe von einem normalen Modell der Serie 62. In Technik und Leistung war der Eldorado identisch mit den anderen Cadillacs des Jahrgangs 1953, bot aber serienmäßig alle damals vorstellbaren Extras.

Die „Dagmar-Bumpers" beherrschen die Optik des 62 Sedan de Ville 1956.

Der Originalprospekt schwelgte in allen vorstellbaren Adjektiven: „aufregend, brilliant, blendend, dramatisch, phantasievoll, anmutig, kühn, atemberaubend. Er bietet die aufregendsten Farben und die schönsten Interieurs in der Welt des Motors!" Nur wenige der umworbenen „anspruchsvollsten Auto-Enthusiasten Amerikas" waren Willens und in der Lage, einen Aufpreis von über 3.000 Dollar zum Standard-Cabriolet auszugeben: exakt 532 Exemplare wurden in den Sonderfarben Aztec Red, Azure Blue, Alpine White und Artisan Ochre ausgeliefert. Dieser Eldorado ist deshalb einer der rarsten Cadillacs der Nachkriegszeit. Ab 1954 war der Eldorado leider nur noch eine in Ausstattung und Optik geringfügig abgewandelte Variante des Cabriolets.

Cadillac zeigte im Motorama 1953 den Le Mans, der schon alle Stylingmerkmale der Jahrgänge ab 1954 aufwies, sowie den Orleans, ein viertüriges Hardtop ohne Mittelpfosten. Ein Jahr später folgten der zweisitzige Roadster La Espada und das Coupé El Camino – beim konservativen Cadillac-Publikum fand aber die vergleichsweise unscheinbare Studie Park Avenue mehr Anklang. Für das Motorama 1955 präparierte man deshalb neben einem Eldorado St. Moritz eine Mixtur aus Park Avenue und Orleans, den Eldorado Brougham, der schon am Pariser Salon 1955 in der endgültigen Ausführung als viertüriges Hardtop (ohne Mittelpfosten) zu bewundern war. Das durch Doppelscheinwerfer (erstmals bei GM) und eine Dachhaut aus unlackiertem Edelstahl äußerlich gekennzeichnete Spitzenmodell ging aber erst im November 1956 in Serie. In Ausstattung und Technik unterschied sich der Eldorado Brougham erheblich von gewöhnlichen Cadillacs: Luftfederung mit individuell einstellbarer Bodenfreiheit, Sitze, die sich beim Öffnen der Tür automatisch in die bequemste Einsteigposition verschoben und anschließend in die zuvor gespeicherte „favorite position" zurückkehrten, ein per Fernbedienung öffnender und schliessender Kofferraum. Dem Wohlbefinden der mitreisenden Damen dienten ein Parfumzerstäuber (mit Arpège von Lanvin), vier vergoldete Trinkbecher und andere Kleinigkeiten. Nur 1.200 Exemplare dieses 13.500 Dollar teuren Traumwagens wurden in den Jahren 1957/58 hergestellt. Eine kleine Serie von 200 Eldorado Brougham entstand 1959 und 1960 bei Pininfarina in Italien – die Chassis kamen per Luftfracht nach Turin, die fertigen Wagen gingen auf dem selben Weg zurück in die USA. Diesen Fahrzeugen fehlt heute wegen ihrer optischen Nähe zu späteren Großserien-Cadillacs die Faszination, die der erste Eldorado Brougham ausstrahlte.

Der Abschied von Cadillac aus der Welt der Traumwagen-Aktivitäten und gleichzeitig einer der letzten Entwürfe von Harley J. Earl vor seiner Pensionierung war der Cyclone von 1959: der Sportwagen auf einem 105-Inch-Chassis erinnerte an zwei nebeneinander montierte Raketen. Interessante Details waren die Plexiglaskuppel über den Sitzen, die sich nach hinten hob, wenn die Schiebetüren geöffnet wurden sowie ein Abstands-Warngerät, das mit der Reflektion von Schallwellen akustische und optische Signale erzeugte, die den Fahrer vor zu dichtem Auffahren warnen sollten. 1960 sah man den Cyclone mit kleineren Flossen noch auf Ausstellungen – die Urversion ähnelte in dieser Beziehung mehr einem Flugzeug als einem Auto. Der nur als Studie gedachte und mit dem normalen Cadillac-Motor ausgestattete Cyclone soll enorme Fahrleistungen gezeigt haben.

*Nachfolgende Doppelseite:
Traum auf Rädern - Eldorado Seville Coupé von 1958.*

1958

LEISTUNGSWETTLAUF OHNE ENDE

Die Wachstumsphase der Heckflossen begann mit dem Sedan de Ville 1957.

Leistungswettlauf ohne Ende

Auch 1955 ging das PS-Rennen munter weiter – mit 250 PS, im Eldorado sogar 270 PS mischte Cadillac an der Spitze mit. Die sonst nur geringfügig überarbeitete Modellpalette wurde erheblich bunter: allein für den 60 Special waren 200 verschiedene Farbkombinationen lieferbar, und dreizehn neue Interieurs ergänzen die bisherigen Standardfarben. Der Prospekt nannte die abgebildete Kombination von kupferfarbenem Leder und beigem Nylon mit Recht „striking" (auffallend). Im 62 Coupé de Ville konnte man jetzt auch drei neue Spezialausstattungen ordern: metallisiertes Nylon mit V-Muster in schwarz, grün oder goldfarben kontrastierte hervorragend mit kupferfarbigem, grünem oder weißem Leder!

Das Lederinterieur des 62 Cabriolet hatte nochmals an Farbigkeit gewonnen: zweifarbige Mischungen in grün oder blau, Kombinationen von rot, grün oder blau mit weiß sowie hellbraun mit hellgrau, einfarbige Polster in rot oder schwarz konnten mit Stoffverdecken in weiß, beige, blau, grün oder schwarz mehr oder weniger harmonisch arrangiert werden.

Der Eldorado hatte seine protzigen Wappen und die seitliche Chrombeplankung abgelegt und dafür eine nicht weniger auffällige Chromleiste an der Türoberkante eingetauscht. Innen gab es einfarbige oder mit weißer Umrandung versehene Sitze in schwarz, blau, grau oder rot.

Neben dem V8 mit 365 ci und 285 PS konnte der Cadillac-Käufer 1956 für jedes Modell auf Wunsch den Eldorado-Motor mit zwei Vierfachvergasern und 305 PS bestellen. Die verbesserte Controlled-Coupling-Hydramatic versprach weichere Schaltvorgänge, eine leichtere, neukonstruierte Servolenkung reduzierte den Kraftaufwand um fünfzig Prozent, Servobremsen waren jetzt für alle Modelle serienmäßig. Das besonders breite Bremspedal mit dem nicht zu übersehenden Schriftzug „Power Brake" erlaubte es dem Fahrer, mit dem rechten oder mit dem linken Fuß zu bremsen.

Der 60 Special – jetzt mit auf 338 cm verlängerten Radstand – trug neben einem größeren Markenzeichen auf der Haube und dem Firmenschriftzug im Kühlergrill die Typenbezeichnung „Sixty Special" an der Seite: zu den goldfarbenen Emblemen konnte auch ein entsprechendes Grillgitter geordert werden. Ein großes Sortiment von Innenausstattungen in gemustertem oder metallisiertem Nylon, Baumwoll- oder Lederbezügen in grau, blau, beige oder grün stand zur Wahl.

Das 62 Coupé war mit drei Kombinationen von Nylon und Elascofab oder vier Ausstattungen in Nylon und Gabardine lieferbar. „Heathertone-Nylon" (mit Gabardine) oder „Frostpattern Nylon" (mit Elascofab) nannten die Werbetexter die Stoffe für den 62 Sedan – blumige Namen, für die die deutsche Sprache nicht einmal holprige Übersetzungen bereit hält.

Gleiches gilt für das glänzende „Stardust Black Nylon" mit feingenarbtem Leder in den Farbtönen „Mountain Laurel", blau, weiß, gelb oder grün, das für die 62 Coupé de Ville und Sedan de Ville vorgesehen war. Daneben gab es Metallic Nylons in gold, grau, rot, grün oder blau. Die De-Ville-Typen trugen jetzt ebenfalls ihre Namen in goldenen Lettern auf den vorderen Kotflügeln.

Zehn verschiedene Lederinterieurs bot Cadillac für das 62 Cabriolet an: schwarz/weiß, schwarz, hellblau/weiß, schwarz/aquamarin, beige, hellgrün/weiß, rot/weiß und rot – die mit den Verdeckfarben weiß, schwarz, hellblau, beige und hellgrün phantastische Kombinationen ermöglichten.

Besonders pompös wirkten das Eldorado Biarritz Cabriolet und das neue Hardtop Eldorado Seville, wenn der Kühlergrill und die „Sabre-Spoke"-Radabdeckungen in gold gehalten waren – „to add still greater glamour". Für das Hardtop war ein Bezug in Vicodec lieferbar, beide Typen unterschieden sich durch das zweiflügelige Emblem auf der Kühlerhaube und die spitzen Heckflossen von den anderen Modellen.

Der Schweizer Prospekt von 1956 spricht den zukünftigen Besitzer ganz direkt an:

„Der V 8-Kettering-Motor, dessen Leistung auf 267 PS gesteigert wurde, wird Sie in Verbindung mit der neuen Hydramatic-Kraftübertragung durch seine außerordentliche Laufruhe, unerhörte Beschleunigung und Wirtschaftlichkeit begeistern. „Power Steering"-Lenkhilfe und Servo-Bremsen vermindern den Kraftaufwand, den Sie zum Lenken oder Bremsen brauchen, ganz bedeutend und intensivieren noch das angenehme Gefühl von Sicherheit und Komfort, wie es nur ein Cadillac bietet.

Der viertürige Sedan de Ville

Ein Symbol der Schönheit! Dieses neue Modell verbindet raffinierte Linienführung und bemerkenswerte Rundsicht mit außergewöhnlichem Luxus und jeder Annehmlichkeit, die ein modernes Automobil bieten kann.

Das Coupé de Ville

‚Es gibt Automobile und den Cadillac...' Diese Feststellung, welche prägnant die Besonderheit dieses Elite-Wagens zeigt, war

noch nie berechtigter als bei diesem Faux-Cabriolet. Auf ideale Weise klingt die kraftvolle und rassige Linienführung mit der reichen Innenausstattung zusammen, einer Innenarchitektur, die auch in den Farben von erlesenem Geschmack zeugt.

Das Cabriolet

Stilsicher und kühn geformt verkörpert das Cabriolet wohl den höchsten Grad jenes unbestimmbaren Etwas von aristokratischer Vornehmheit und Rasse, welche die Marke Cadillac in allen Breitengraden kennzeichnet. Seine großzügigen Dimensionen, sein schlechthin vollkommener Komfort – ob offen oder geschlossen - seine beinahe unbegrenzten Kraftreserven und die spielerische Leichtigkeit, mit der Sie es beherrschen, machen aus diesem Cabriolet einen Reisewagen, an dessen Volant das Fahren Vergnügen ist.

Das Luxus-Cabriolet Eldorado Biarritz

Die märchenhafte Silhouette, die unvergleichlich luxurieuse Innenausstattung und die außergewöhnliche Kraftreserve können kaum beschrieben werden. Das Cabriolet Eldorado Biarritz ist ohne Zweifel eines der gelungensten Meisterwerke des heutigen Automobilbaus.

Das Luxus-Coupé Eldorado Sevilla

Wie das Cabriolet Eldorado Biarritz, scheint auch das Coupé Eldorado Sevilla ein Traumwagen zu sein. Es ist nur schwer zu fassen, daß solch ein hoher Stand an Luxus, Schönheit und mechanischer Zuverlässigkeit in einem Automobil enthalten sein kann.

Der Special Sedan

Als Krönung des Karosseriebaues und der modernen Technik erweckt der Special Sedan durch seine vornehmen Proportionen Bewunderung, die durch jedes Detail der Ausrüstung und die Qualität aller mechanischen Organe gerechtfertigt wird. Als Spitzenprodukt der amerikanischen Automobilindustrie zeigt sich der Cadillac Special Sedan durch seine hohe Qualität des Ansehens würdig, das er in der ganzen Welt genießt.

Der viertürige Sedan mit 7-8 Plätzen

Dieses Fahrzeug gilt als einer der schönsten Repräsentationswagen der Welt. Sein Chassis mit einem Radstand von 3,80 m trägt eine Karosserie, in der Ausstattung und Geräumigkeit miteinander wetteifern."

Heute ein Kultobjekt: Cadillac Fleetwood 60 Sedan von 1959.

Höhepunkt der Flossen-Ära

1957 wurden die Serien Serie 62 und 60 grundlegend umkonstruiert: die Optik entsprach jetzt weitgehend dem Stil des letztjährigen Eldorado, die Heckflossen waren erheblich gewachsen und die Linien der Karosserie wirkten insgesamt kantiger. Auffallende Merkmale der neuen Form waren die Gummipuffer in der Stoßstange – im Prospekt als wichtige Sicherheits-Neuerung bezeichnet, praktisch wohl von geringem Nutzen, die weit herumgezogenen Panoramascheiben sowie die Edelstahlbeplankung der hinteren Kotflügel am Fleetwood 60 Special. 62 Coupé und Sedan mußten auf das letztgenannte Merkmal verzichten, trugen aber das vorher dem Eldorado vorbehaltene, zweiflügelige Emblem auf der Haube. „Neptune, Glacial Mist, Grecian Cloth" nannte sich die klassisch angehauchte Stoffauswahl in vier

Die größten Panoramascheiben, die wildesten Flossen - Fleetwood 60 von 1959

Mit 815 Exemplaren der seltenste Cadillac von 1958: Eldorado Seville Convertible.

Farben für diesen Jahrgang des 62, neu beim Cabriolet war Leder in Orion blau, Metallic-Türkis, Glade-grün oder Dakota-rot. Den 62 de Ville lieferte Cadillac in verschiedenen Kombinationen von Sahara cloth, Mountain Laurel Corinthian cloth sowie Brokatstoffen mit Ledereinsatz in silber, grau, blau oder grün. Beim Eldorado Biarritz und Seville wirkten die Flossen durch die abgerundete Heckpartie und die zweigeteilte Stoßstange mit getrenntem Einsatz für das Nummernschild noch monströser. Für die Innenausstattung standen Lederfarben wie Sabre blue, Kiowa red oder Elysian green zur Wahl. Zumindest innen waren der Fleetwood 75 Sedan und die Limousine dezenter gehalten: Bedford Cord mit Baumwolle in verschiedenen Grau- und Brauntönen betonten die Seriösität der großen Limousine.

Wichtigere Neuheiten als die zahllosen Farb- und Ausstattungskombinationen fanden sich beim Cadillac 1957 unter dem Blech. Der neue, massive X-Rahmen verbesserte die Stabilität und Verwindungssteifigkeit der Karosserie erheblich. Die Motorleistung wurde wieder einmal erhöht: der Standard-Motor gab nun 300 SAE-PS ab, im Eldorado hatte man sogar 325 SAE-PS zur Verfügung, für den europäischen Markt wurde eine Leistung von 279 SAE-PS genannt. Die V8-Motoren erreichten in diesem Jahr den bis heute nicht übertroffenen Anteil von 83 Prozent des US-Markts (1947 lag der Wert noch bei 20 Prozent) – eine Entwicklung, an der Cadillac maßgeblich beteiligt war. Neue Extras waren die in Leistung und Bedienbarkeit verbesserte Klimaanlage, das Autronic Eye (eine automatische Abblendeinrichtung, die auf die Scheinwerfer des Gegenverkehrs reagierte), getöntes Glas (E-Z-Eye Glass) und farblich auf die Innenausstattung abgestimmte Sicherheitsgurte für Vorder- und Rücksitze.

Die Cadillac des Jahrgangs 1958 waren mit ihrer chromüberladenen Karosserie der letzte Ableger der 1954 eingeführten Linie mit den wohlgeformten „Dagmar"-Stoßstangen. Die De Ville-Modelle zählten jetzt zur Serie 62, die um ein Hardtop mit verlängertem Heck erweitert wurde und auf Wunsch mit Luftfederung bestellt werden konnte. Die Leistung stieg auf 314 SAE-PS (287 SAE-PS in Europa). Die Eldorado Seville (Hardtop) und Eldorado Biarritz erreichten mit 3 Doppelvergasern von Rochester oder Carter sogar 340 SAE-PS.
Die allgemein schlechte Automobilkonjunktur in den Vereinigten Staaten sorgte auch bei Cadillac für einen Einbruch der Verkäufe – in diesem Modelljahr konnten nur 121.778 Einheiten abgesetzt werden.

1959 konnte man den Rückgang der Produktion zumindest teilweise wettmachen: mit einer vollständig neu konstruierten Karosserie steigerte man die Verkäufe auf 142.000 Fahrzeuge. Der 1959er-Cadillac – letzter Entwurf von Harley Earl – war gleichzeitig Höhepunkt und Schlußwort der wildesten Styling-Epoche in der Geschichte des Automobils. Chromverzierte Flossen in nie wieder erreichtem Format, aus denen spitze Bremsleuchten wuchsen, die gewölbte Panoramascheibe (die der Prospekt mit Recht als monumental bezeichnete) sowie eine chromstarrende Frontpartie mit Doppelscheinwerfern machten die Autos zwar nicht zum schönsten, aber sicher zu einem der eindrucksvollsten Symbole der fünfziger Jahre. Der V 8 wurde auf 6.384 ccm (390 ci) vergrößert und brachte eine Leistung von 325 PS (Exportmodelle 309 PS), im Eldorado sogar 345 PS.
Den 62 Coupé und 62 Sedan (six windows) konnte man mit der geneigten, großflächigen Heckscheibe eine gewisse formale Harmonie nicht absprechen – auf den 62 Sedan (four windows) mit der extrem gebogenen Heckscheibe und dem überstehenden Dach traf diese Beurteilung nicht zu.
Im Coupé De Ville und in den beiden Sedan De Ville (vier oder sechs Fenster) schwelgten die Designer in der Farbenpracht – „Camden"-Stoffe mit Leder in drei unterschiedlichen Farbtönen oder „Coronado": silber/schwarz mit weißem Leder, rosé, türkis und grün mit passendem Metallic-Leder. Der Fleetwood 60 Special Sedan wuchs in der Breite auf 206 Zentimeter und unterschied sich durch zusätzliche Chromleisten von den anderen Modellen. In der Ausstattung waren Colony cloth, Clarion cloth und Concord cloth in vielfältigen Kombinationen lieferbar.
Die umfangreichste Ausstattung boten die Eldorado Seville und Biarritz – neben dem 345 PS-Motor waren Luftfederung, elektrische Verstellung der vorderen Einzelsitze, elektrische Türverriegelung und Fensterheber serienmäßig. Innen konnte man zwischen Cardiff- und Florentine-Leder in drei Grundfarben und vier Metallictönen wählen.
Mit einem Radstand von 3200 mm größter Cadillac des Jahrgangs 1959 war der bei Pininfarina in Handarbeit gebaute Eldorado Brougham. Das serienmäßig mit Air Condition, Cruise Control und vielen Extras ausgerüstete Spitzenmodell wurde nach Bestellung mit jeder gewünschten Ausstattung ausschließlich für den amerikanischen Markt gebaut.

Ruhigere Li kennzeichnen Fleetwood 60 Special 1

Cadillac wird konservativer: Series 62 Four-Window Sedan des Jahrgangs 1962.

Rückkehr zur Vernunft

Glatte und niedrigere Flossen (die aber immer noch mörderisch zugespitzt waren) und eine ruhigere Front- und Seitenpartie zeigten 1960, daß in den General-Motors-Stylingstudios (Bill Mitchell hatte die Leitung übernommen) und wohl auch bei den Käufern ein Geschmackswandel eingetreten war. Unverändert blieben die Dachpavillons der verschiedenen Limousinen und Hardtop-Coupés sowie Technik und Zusammensetzung der Modellreihe. Einzige wesentliche Neuerung war die Handbremse, die sich bei laufendem Motor und eingelegtem Gang automatisch löste. Die Luftfederung mit manueller Höhenverstellung (serienmäßig in allen Eldorado-Modellen) wurde zum letzten Mal als Zubehör angeboten. Das weiterentwickelte „Au-

Noch immer ein typischer „Straßenkreuzer": 62 Coupé von 1961.

tronic Eye" nannte sich jetzt „Cadillac Guide-Matic": nach dem automatischen Abblenden schalteten sich die inneren der vier Scheinwerfer nochmals ein, um den Gegenverkehr seinerseits an das Abblenden zu erinnern.
1961 bot Cadillac in den Serien 62, 63, 60 und 75 ein umfangreiches Bauprogramm, das ausschließlich mit dem V8 von 6384 ccm und 330 SAE-PS bei 4.800/min geliefert wurde. Für Europa reduzierte man die Verdichtung von 10,5:1 auf 8,75:1, wodurch die Leistung geringfügig auf 309 SAE-PS bei 4.600/min sank. Die Serie 62/63 umfaßte acht Karosserieversionen, die sich durch Betonung der seitlichen Horizontale, einen ruhigeren Grill und weniger Chromschmuck von den monströsen Vorgängern unterschieden:
6237 Coupé Hardtop (zwei Türen)
6229 Sedan Hardtop (vier Türen, sechs Fenster)
6239 Sedan Hardtop (vier Türen, vier Fenster)
6267 Convertible
6337 Coupé De Ville Hardtop (zwei Türen)
6329 Sedan De Ville Hardtop (vier Türen, sechs Fenster)
6339 Sedan De Ville Hardtop (vier Türen, vier Fenster)
6399 Town Sedan
Die Karosserien des Jahrgangs 1961 hatten neue Dachaufbauten erhalten, die auf die extreme vordere Panoramascheibe verzichteten und einen kantigen Dachabschluß besaßen. Der Sedan/Sedan de Ville mit sechs Seitenfenstern wurde jetzt als „short deck" im Katalog geführt, die vierfenstrige Version hatte hinten immer noch eine seitlich weit herumgezogene Panoramascheibe. Der 60 Sedan Fleetwood Special (6039) lehnte sich im Dachaufbau mit dem kleineren Heckfenster an die majestätischen 75 Sedan Fleetwood und Fleetwood Imperial an. Die 8- bzw. 9-Sitzer (Serie 6723 und 6733) trugen als letzte Cadillac noch die große Panoramascheibe.
Die Typen Eldorado Seville und Eldorado Brougham wurden aus dem Programm gestrichen, mit ihnen verschwand vorläufig auch die 345 PS-Variante des V8. Der Eldorado Biarritz (6367) unterschied sich nur in Ausstattungsdetails und den um 1.000 Dollar höheren Preis vom 62 Cabriolet und wurde jetzt der Serie 63 zugerechnet.

Das Entwicklung der Heckflossen, die in den fünfziger Jahren kontinuierlich gewachsen waren, verlief jetzt in umgekehrter Richtung: jedes Jahr schrumpften sie um einige Zentimeter, stilistische Veränderungen an der Karosserie wurden nur sehr zurückhaltend vorgenommen. Für 1962 kamen in der Reihe 62 der Town Sedan (short deck, Serie 6289) und beim 63 der Sedan De Ville Park Avenue (short deck, Serie 6389) – beide mit kürzeren Karosserien – dazu. Coupé De Ville, Sedan De Ville (four window) und Eldorado Biarritz Cabriolet waren gegen Aufpreis mit vorderen Einzelsitzen erhältlich. In allen Modellen wurde ein Zweikreis-Bremssystem eingeführt, die technischen Grunddaten blieben ansonsten unverändert. Als beliebteste Extras führt der Katalog des Jahres 1962 Sperrdifferential, Heckscheibenentfrostung (durch zwei Luftschlitze), getönte Scheiben (Soft-Ray Glass) und die Power Headlight Control auf. Mit einem Druckknopf im Handschuhfach ließ sich der Kofferraumdeckel von innen entriegeln und öffnen.

Luxus über alles

Der in den Grunddaten unveränderte Achtzylinder wurde 1963 – zum ersten Mal seit seiner Einführung im Jahr 1949 – gründlich renoviert. Bohrung, Hub und viele andere mechanische Details wie auch die Leistung blieben unverändert. Hauptziele der Überarbeitung waren eine Verbesserung von Laufruhe und Laufkultur sowie Gewichtseinsparung und Servicevereinfachung.
Optisch wirkten die Cadillacs von 1965 wesentlich seriöser als die Vorgänger: geglättete Karosserieflanken, ein klar gegliederter Grill und auf kümmerliche Stummel geschrumpfte Heckflossen ließen keine Erinnerung an frühere Stylingexzesse aufkommen. Cadillac bot konservative Luxusautos für relativ wenig Geld: zur Serienausstattung gehörten Außenspiegel mit elektrischer Fernbedienung, Rückfahrscheinwerfer und selbstverständlich Hydramatic, Servolenkung und Servobrem-

Der letzte Jahrgang des Town Sedan - 1962 konnte man noch 2.600 Exemplare absetzen.

Das Convertible der Serie 63 Eldorado Biarritz besaß 1963 noch angedeutete Heckflossen.

Das Fleetwood Eldorado Convertible von 1965 zeigt die typische Cadillac-Linie dieser Epoche.
Drei erfolgreiche Cadillac der sechziger Jahre:

sen. Über die Hälfte der Bestellungen schloß die Klimaanlage ein, neu war ein in sechs Positionen verstellbares Lenkrad.
Nur der 62 für 5026 Dollar hatte keine elektrischen Fenster, manche Typen waren sogar mit elektrischen Ausstellfenstern lieferbar. Interessantes Extra war das erstmals als Zubehör für das Coupé de Ville und den Fleetwood 60 Special erhältliche Vinyldach.
Über 163.000 Fahrzeuge wurden in diesem Jahr verkauft.

Auf 7.025 ccm (429 ci) hob Cadillac den Hubraum seines V 8 für das Modelljahr 1964 an, wodurch die Leistung auf 345 SAE-PS bei 4.600 Umdrehungen stieg, für Europa erhöhte man geringfügig die Verdichtung auf 9,2:1 und erreichte damit 313 SAE-PS bei 4.400 Umdrehungen. Neben der bekannten Hydramatic (zwei Flüssigkeitskupplungen, 4 Gänge) in der Serie 62 führte man für die Serien 63 und 60 Special die Turbo-Hydramatic mit hydraulischem Drehmomentwandler und 3-Gang-Planetengetriebe ein.
Die Modelle Town Car und Park Avenue entfielen, das Cabriolet der Serie Serie 63 nannte sich jetzt Fleetwood Eldorado.
An der Karosserie wurden nur kleine Korrekturen vorgenommen; der Jahrgang 1964 war der letzte mit (allerdings sehr dezenten) Heckflossen. Erstmals wurde als Sonderzubehör eine Klimaanlage mit automatischer Regulierung von Temperatur und Luftfeuchtigkeit (Comfort Control Air Conditioning) geliefert. Der „Twilight Sentinel“ schaltete die Scheinwerfer automatisch in der Dämmerung oder bei schlechten Lichtverhältnissen ein und ebenso bei Sonnenaufgang wieder ab. Mit einem Schalter am Armaturenbrett konnte der Fahrer zusätzlich bei Nacht das Erlöschen der Beleuchtung um 90 Sekunden verzögern, bis er den Weg zur Haustür gefunden hatte...
Wichtigste Neuerung für 1965 war die Einführung eines Kastenrahmens mit Traversen für die Serien 62, 63, 64 und 60 sowie die Neugliederung des Modellprogramms mit veränderten Typenbezeichnungen. Die Serie 62 (Hardtop Sedan, Coupé und Sedan) lief unter dem Namen Calais, in der Serie 63 de

Ville gab es neben den entsprechenden Karosserien zusätzlich ein Cabriolet und für das Fleetwood Eldorado Cabriolet wurde die eigenständige Seriennummer 64 eingeführt. Dieses Modell und der Fleetwood 60 Special besaßen als einzige Cadillacs die pneumatische Niveauregulierung an der Hinterachse, der 60 Special erhielt gleichzeitig einen um neun Zentimeter auf 338 cm verlängerten Radstand. Die Fleetwood 75 Sedan und Limousine behielten den bisherigen Rahmen mit einem Radstand von 380,5 Zentimeter.

Die jetzt übereinander angeordneten Doppelscheinwerfer waren neben dem endgültigen Verschwinden der Heckflossen die optisch auffälligsten Merkmale dieses Jahrgangs.

In der Schweiz kosteten die Cadillacs 1965 zwischen 40.100 (63 Coupé de Ville) und 59.800 Franken (Fleetwood). Als serienmäßige Ausrüstung führte die Preisliste Hydramatic-Getriebe, Nylon-Hochleistungsweißwandreifen, Heizung und Entfroster, Servolenkung, Servobremsen, Rückfahrlampen, dreistufige Scheibenwischer, Scheibenwaschanlage, gepolstertes Armaturenbrett, Radio mit elektrischer Antenne, elektrische Uhr, elektrische Scheibenbetätigung und Sitzverstellung, Beleuchtung für Handschuhfach und Kofferraum, verstellbares Lenkrad, Sperrdifferential „Positraction" und vordere Sicherheitsgurte auf.

Selbstverständlich waren das elektrische Verdeck des Eldorado Biarritz Cabriolet und die Trennscheibe beim Fleetwood im Preis eingeschlossen. Aufpreise verlangte man lediglich für Firemist-Metallicfarben (650 Franken), Lederpolster (655 Franken) und Aircondition (2600 bis 3100 Franken). Beim Verzicht auf diese Extras konnte der stolze Cadillac-Eigner seiner Frau einen neuen Fiat 500 für 4.275 Franken spendieren.

Ab 1966 baute man auch den großen 75 Fleetwood auf dem neuen Rahmen. Gleichzeitig erhielt dieses Spitzenmodell die erste grundlegend neue Karosserie seit 1959. Der Fleetwood 60 Special wurde durch die luxuriösere Version Brougham (Serie 61) ergänzt, die 320 Dollar mehr kostete und über ein res-

Coupé de Ville 1967,

Sedan de Ville von 1963.

Fleetwood Sixty Special Brougham 1968.

Fleetwood Sixty Special Brougham aus dem Jahr 1966

Heckansicht des Hardtop Coupé de Ville aus dem Modelljahr 1969.

pektables Sortiment von Sonderausrüstungen (zum Beispiel verstellbare Leselampen, ausklappbare Fußstützen und Klapptische im Fond) verfügte. Ein von innen verstellbarer Außenspiegel sowie Sicherheitsgurte für alle Passagiere waren jetzt serienmäßig, Kopfstützen für die Vordersitze als Zubehör erhältlich.

Neu im jährlich ausgebauten Zubehörprogramm: Warnblinkanlage, Sitzheizung für die Vordersitze (im 75 auch für die Rücksitze) sowie das Stereoradio mit vier Lautsprechern. Zum ersten Mal wurden mehr als 200.000 Cadillac in einem Jahr gebaut – eine Stückzahl, die kein anderer Luxuswagen erreichte.

Ein interessantes Projekt – ein zweisitziges Coupé mit V12- oder V16-Motor – wurde in dieser Zeit eingestellt. Über ein 1:1-Modell im Stil des kommenden Buick Riviera ging die Entwicklung des XP 840 nie hinaus – Vorarbeiten fur die vielzylindrigen Motoren wurden nicht unternommen.

Der Weg zum Hubraum-Saurier

Höhepunkt des Modelljahres 1967 war der erste Frontantriebswagen der Marke – das Fleetwood Eldorado Coupé. Der fast sechs Meter lange Zweitürer mit einem Radstand von 305 cm war mit seinen ausgewogenen Proportionen (lange Motorhaube – kurzes Heck) einer der gelungensten Entwürfe von Bill Mitchell. Wichtigste optische Merkmale waren die im Grill versenkbaren Scheinwerfer, der „Hüftschwung" vor dem hinteren Radausschnitt und die kantige Dachform. Mit Ausnahme der (häufig kritisierten) Scheibenbremsen an den Vorderrädern und dem vom Oldsmobile Toronado entlehnten Frontantrieb entsprach der Fleetwood Eldorado in Motor und Fahrwerk weitgehend den anderen Cadillac-Modellen.

Die Serie Fleetwood setzte sich nebem dem Eldorado nur noch aus den Limousinen 60 Special Sedan, Brougham und 75 Sedan/Limousine zusammen. Das Cabriolet war ausschließlich als De Ville im Programm zu finden.

Das Zeitalter der verschärften Sicherheitsbestimmungen kündigte sich bei Cadillac mit einer Seite im Prospekt an, die ausführlich auf Sicherheitslenksäule, Polsterung des Armaturenbretts, Sitzverriegelung, Warnblinkanlage und andere Details einging.

Auf die kommende Abgas-Gesetzgebung der USA schon abgestimmt war 1968 der neue, auf 7.729 ccm (472 ci) vergrößerte V 8 mit 375 PS (Europa 355 SAE-PS). Ein weiterer Grund für die Leistungserhöhung: immer mehr Extras und die daraus resultierende Gewichtszunahme sowie das ungebremste Wachstum der Karosserien erforderten eine Anhebung der Leistungsreserve. Die vorderen Scheibenbremsen konnten ab sofort auf Wunsch für alle Cadillac geordert werden. Zwei Details kennzeichneten die Optik des 7. Jahrgangs: alle Modelle hatten versenkte Scheibenwischer und seitliche „Marker Lights", die seit 1968 für alle in den U.S.A. verkauften Fahrzeuge vorgeschrieben sind.
Einzige Änderung der Modellreihe: der Calais Sedan wurde gestrichen, für die Calais Hardtop Sedan und Coupé waren elektrische Fenster ab sofort serienmäßig.

1969 war mit 266.798 Fahrzeugen ein absolutes Rekordjahr für die Marke. Mit der Rückkehr zu horizontal angeordneten Doppelscheinwerfern verlor der Eldorado seine versenkbaren Scheinwerfer. Vordere Scheibenbremsen und ein versiegeltes Kühlsystem waren bei allen Typen jetzt serienmäßig. Die Preisspanne für einen Cadillac reichte vom billigsten Calais Hardtop für $ 5.466 bis zum Fleetwood 75 Limousine für $ 10.961. Die De Ville kosteten zwischen $ 5.703 und 5.936, ein Eldorado war für $ 6.693 zu haben.

„Der Geist der siebziger Jahre. Stolz stellt Cadillac elf Wahlmöglichkeiten für großartiges Fahrvergnügen in den lebendigen siebziger Jahren vor. Jeder der brillianten Cadillac 1970 ist kündigt den Beginn eines neuen Lebensstils im Verkehr an, den man von einer großen neuen Aera erwartet."
So begann der Prospekt für den Jahrgang 1970 – nur wenige Monate nach der ersten Mondlandung gedruckt. Der Weg in die siebziger Jahre war auch bei Cadillac geprägt durch eine Vorstellung vom unendlichen Wachstum. Bestes Beispiel: der neue Motor des Spitzenmodells Fleetwood Eldorado, dessen Hubraum auf fast 8,2 Liter angewachsen war. Jeder Zylinder dieses größten PKW-Motors der Nachkriegszeit besaß ein Volumen von über 1.000 ccm! Der mit 10:1 recht hoch verdichtete V 8 war mit 406 SAE-PS der leistungsstärkste Frontantriebswagen in Serienherstellung. Die Karosserieform blieb mit Ausnahme der Frontpartie unverändert – auch der Eldorado trug das einheitliche Gesicht des Jahrgangs mit der typischen Knudsen-Nase und den nebeneinanderliegenden Lampen.
Nur wenig schwächer als der 8,2-Liter waren die Standardmodelle im Cadillac-Programm, die aus 7729 ccm 380 SAE-PS produzierten und für 1970 eine neue Hinterachse erhielten. Die Serie Calais wurde als Sedan Hardtop und Coupé Hardtop geliefert, der De Ville zusätzlich als viertüriger Sedan und zweitüriges Cabriolet. Mit knapp zehn Zentimeter längerem Radstand und serienmäßiger Niveauregulierung folgten die Limousinen Fleetwood 60 Special und Fleetwood Brougham. Der grösste Cadillac, der Fleetwood 75 Sedan und Limousine, lag in Radstand und Gesamtlänge mehr als vierzig Zentimeter über diesen Modellen.
Die hohe Leistung war damals sicher notwendig, wogen die komplett ausgestatteten Saurier doch zwischen 2 und 2,5 Tonnen.

Die Liste der lieferbaren Extras verlängerte sich wieder um einige Punkte wie den Cassettenrecorder oder den Fußschalter für den Sendersuchlauf des Radios. Umfangreich wie die Ausstattung war auch die Farbpalette der Cadillacs: Patina Silver, Cotillion White, Phantom Gray, San Mateo Red, Sable Black, Glenmore Green, Corinthian Blue, Condor Blue, Adriatic Turqoise, Byzantine Gold, Sauterne, Bayberry, Dark Walnut, Monarch Burgundy, Regency Bronze Firemist, Chateau Mauve Firemist, Lucerne Aqua Firemist, Spartacus Blue Firemist, Cinnamon Firemist, Briarwood Firemist und Nottingham Green Firemist waren mit farblich abgestimmten Vinyldächern lieferbar.

Vom Fahrvergnügen zum Fahrverbot

1971 war der Gipfelpunkt des Leistungswettlaufs überschritten – Cadillac präsentierte nicht nur neue Karosserieformen und verbesserte Fahrwerke, sondern gleichzeitig auch geringfügig in der Leistung reduzierte Motoren. Die Grundmodelle Calais und De Ville wurden ausschließlich als Sedan Hardtop und Coupé Hardtop 350 SAE-PS (223 DIN-PS) mit auf 8,5:1 reduzierter Verdichtung angeboten. Die gleiche Motorisierung besaßen die 60 Special Brougham und Fleetwood 75, während im Fleetwood Eldorado der monströse 8,2 Liter mit 370 SAE-PS (238 DIN-PS) immer noch für üppige Motorisierung sorgte.
Die optische Renovierung hatte die Cadillac-Modellen nicht unbedingt verschönt – mit den breiten B-Pfosten des Dach-Pavillons und der massigen Frontpartie wirkten speziell die Fleetwood-Limousinen schwerfälliger als ihre Vorgängermodelle. Daran konnten auch die außen angebrachten „Opera Lights" nichts ändern. Eine ähnliche Entwicklung machte der Eldorado mit: zwar war die Gesamtlänge trotz einer Vergrößerung des Radstands von 305 auf 321 Zentimeter nur um zwei Zentimeter gewachsen, doch war bei der Renovierung vom ursprünglichen Stylingkonzept nichts übriggeblieben. Die „Coke-Bottle-Line" des hinteren Kotflügels, der imitierte Lufteinlaß und das kleine hintere Seitenfenster (Coach Window) ließen den Fleetwood Eldorado recht aufgeblasen erscheinen. Da half es auch wenig, daß das Eldorado Cabriolet – einziges im Programm verbliebenes Cabriolet – im Katalog als „jugendlich und bezaubernd" beschrieben wurde.
Neu im Zubehörprogramm war ein elektrisches Schiebedach für Fleetwood Brougham, Eldorado und de Ville.
Zum ersten Mal wurden Cadillacs nicht nur im angestammten Werk in Detroit montiert, sondern auch in einem anderen GM-Werk im Osten der USA.
Zum siebzigsten Jubiläum im Jahr 1972 stellte Cadillac unter der Überschrift „Es liegt in der Natur der Sache, daß Cadillac eine Führ-

Meistverkaufter Cadillac 1971: Hardtop Sedan de Ville.

Größter Frontantriebswagen aller Zeiten: Fleetwood Eldorado 1970 mit 8,2-Liter-Motor.

Sedan de Ville 1973.

Coupé de Ville 1972.

Fleetwood Sixty Special Brougham 1974.

ungsrolle einnimmt", die wichtigsten technischen Leistungen der Marke zusammen. Zentrales Thema der Broschüre waren jedoch Sicherheit und Abgasreinigung, die mit elf einfachen Regeln den potentiellen Käufern nahegebracht wurden. „Der Geist der siebziger Jahre" – ganz anders, als man ihn sich 1970 vorgestellt hatte.

Das Modellprogramm blieb mit Ausnahme geringfügiger Karosserieretouchen und der gesetzlich vorgeschriebenen Einführung neuer Stoßfänger, die einem Aufprall mit fünf Meilen standhalten sollten, unverändert. Die im Vorjahr nur für den Eldorado angebotene Anti-Blockiervorrichtung für die Hinterräder lieferte man jetzt für alle Typen.

1973 war mit Ausnahme kleiner Karosserieverfeinerungen ein ruhiges Jahr in der Cadillac-Modellentwicklung. Erstmals in der Nachkriegszeit wurde mit dem Eldorado ein Cadillac beim 500-Meilen-Rennen von Indianapolis als Pace Car verwendet.

Mit dem israelisch-ägyptischen Yom-Kippur-Krieg im Oktober und der sich anschließenden Ölkrise stellte die Politik die Weichen für die Entwicklung der Autoindustrie in den folgenden fünfzehn Jahren.

Fahrverbote, Benzinrationierung und lange Schlangen vor den Tankstellen führten zu einem panikartigen Rückgang der Neuwagennachfrage. Die Zeit des ungehemmten Erdölverbrauchs ging abrupt zu Ende – und kein Hersteller war für diese Situation gerüstet. Cadillac bot mit den im September 1973 vorgestellten Modellen nur Verfeinerungen an Karosserie und Innenausstattung. Die Reduzierung der Leistung auf 208 PS beim 7,7

Liter bzw. 213 PS beim 8,2 Liter war ausschließlich auf die verschärften Abgasgesetze der USA zurückzuführen.
Die Special Editions Fleetwood Brougham d'Elégance (diese Version war bereits im Vorjahr mit verbesserter Innenausstattung angeboten worden) und Fleetwood Talisman – mit vier veloursbezogenen Einzelsitzen und zahlreichen anderen Verbesserungen – erschienen zum ersten Mal im offiziellen Katalog. Die 75 Fleetwood Sedan and Limousine waren ebenfalls mit einer d'Elégance-Ausstattung sowie mit dem Landau Top lieferbar. Eldorado Coupé und Custom Cabriolet (eine neue Variante mit Vinylbezug für die hintere Dachhälfte, abgetrennt durch einen breiten Chromstreifen) erhielten ein neues Armaturenbrett und auf Wunsch ein Notrad statt des üblichen Reserverads. Eine ähnliche Dachdekoration besaßen das „Coupé de Ville Cabriolet" und das „Coupé De Ville d'Elégance with Cabriolet Roof". Zwei weitere Sonderserien mit verschönerter Ausstattung nannten sich „Sedan" und „Coupé De Ville d'Elégance".
Die neue Cockpit-Gestaltung aller Modelle versetzte Tankuhr, Warnlampen und Digitaluhr in einen schmalen Streifen über das Armaturenbrett und gruppierte die wichtigsten Bedienungshebel und Instrumente um das ebenfalls erneuerte Lenkrad.

Die Produktion stieg von 277.209 Fahrzeugen im Jahr 1972 sogar auf 307.698 Exemplare im Folgejahr. Mit einem Rückgang auf 230.649 verkaufte Wagen im Jahr 1974 kam die Marke noch glimpflich weg: bei den Schwestermarken Buick, Oldsmobile und Pontiac waren zum Teil Verluste von über fünfzig Prozent zu verzeichnen.

Verbrauchshysterie und Dieselmanie

Zentrales Thema des Jahrgangs 1975 war die Verbrauchsreduzierung. Feinarbeiten an Motor (neuer Vergaser, elektronische Zündung) und an der Kraftübertragung (verbesserter Drehmomentwandler, niedrigere Achsuntersetzung) sollten den Durst des jetzt in allen Modellreihen ausschließlich angebotenen 8,2-Liter-Motors senken, dessen Leistung mit Katalysator auf 193 PS bei 3600 Umdrehungen geschrumpft war. Mit dem geringeren Rollwiderstand von Stahlgürtelreifen, einer Spareinstellung der „Automatic Climate Control" und einer Fuel Monitor genannten Verbrauchsanzeige sowie der wahlweise lieferbaren Benzineinspritzung wollte man den Verbrauch auf weniger als zwanzig Liter drücken. Quadratische Doppelscheinwerfer waren die einzige wesentliche Änderung am Äußeren der großen Modelle, auch die 1974 eingeführten Special Editions blieben im Programm. Neu im Zubehörkatalog fanden sich das „Glass Dome Astroroof", ein elektrisches Glas-Schiebedach, der Air-Bag, eine Diebstahlswarnanlage sowie das „Illuminated Entry System", das auf Knopfdruck am Türgriff ein Lämpchen über dem Schlüsselloch sowie die Innenbeleuchtung für zwanzig Sekunden aktivierte.

Im April erschien unter dem altbekannten Name Seville eine neue Baureihe, die sich von den schwergewichtigen Dinosauriern der vergangenen Jahre durch das kompakte Format unterschied und den wachsenden Importen aus deutschen Landen (speziell Mercedes) Paroli bieten sollte.
Der 5,7-Liter-V8 mit exakt 5.737 ccm kam schon früher in den Chevrolet-Modellen Nova, Monte Carlo oder Malibu sowie im Oldsmobile Cutlass zum Einsatz und leistete im Seville bei einer Verdichtung von 8,0:1 immerhin 183 PS. Der kantige Viertürer orientierte sich optisch stark an seinen europäischen Vorbildern, war allerdings mit einem Radstand von 2905 Millimeter und einer Gesamtlänge von 5180 Millimeter nicht raumökonomischer als seine großen Brüder.

Der letzte Saurier: Coupé de Ville von 1975.

Bis Ende 1975 setzte Cadillac fast 23.000 Seville ab.
Die einzige wesentliche Änderung für das Modelljahr 1976 war die Einführung der indirekten elektronischen Benzineinspritzung für die großen Achtzylinder, die einen Leistungsgewinn von 22 PS bei unveränderter Drehzahl erbrachte. Neuestes zeitgemäßes Extra war das „Door-Lock-System", das die Türen bei Vorwärtsfahrt verriegelt hielt.
Das letzte Eldorado Cabriolet – der einzige offene Großserienwagen dieses US-Jahrgangs – lief am 21. April 1976 vom Band. Der (vermeintliche) und bereits im Prospekt dieses Jahrgangs angekündigte Abschied vom grossen amerikanischen Cabriolet löste sofort eine Welle der Spekulation aus. Erstmals bezahlten Sammler für ein Auslaufmodell mehr als den vom Werk vorgeschriebenen Listenpreis und lieferten damit indirekt die Initialzündung für die Wiederbelebung dieser Karosseriegattung in den achtziger Jahren. Nicht die damals genannten Sicherheitsbedenken, sondern veränderte Lebensgewohnheiten und Verkehrsbedingungen sorgten für den Nachfragerückgang, der ursächlich zum zeitweisen Verschwinden der Seriencabriolets führte. Wer wollte sich schon bei 120 oder 150 km/h im Kolonnenverkehr Wind, Lärm und Abgasen aussetzen, wenn er in einem klimatisierten Hardtop viel bequemer reisen konnte?
Das Verschwinden des Cabriolets brachte die ersten Firmen ins Geschäft, die mit der Verwandlung und Veredelung von Cadillacs für dollarschwere Kunden im kommenden Jahrzehnt Furore machten: Phaeton Coach stellte einen Eldorado mit T-Top (herausnehmbaren Dachhälften) vor, Kustom Industries den El Tierra Eldorado mit diversen Anbauteilen, die das Urmodell nicht verschönerten.
Auch das Gewerbe der Cadillac-Verlängerung war eine indirekte Folge der Ölkrise – betuchte Käufer mochten sich nicht mit geschrumpften Sparmodellen zufriedengeben, und speziell die Scheichs aus den Golfstaaten sahen in einem verlängerten Cadillac ein standesgemäßes Fortbewegungsmittel. Cadillac selbst orderte für den saudischen König

Als Mercedes-Konkurrent gedacht: Seville 1976.

Nachfolgende Doppelseite: Sedan de Ville 1977.

1977

VERBRAUCHSHYSTERIE...

Khalid eine bei Wisco verlängerte Fleetwood 75 Limousine.
1977 brachte neben Scheibenbremsen an allen vier Rädern für Seville, Fleetwood Brougham und Fleetwood Eldorado eine wesentliche Straffung des gesamten Modellprogramms: die Reihe Calais wurde ersatzlos gestrichen, Sedan und Coupé De Ville sowie Fleetwood Brougham und Fleetwood Limousine erhielten neue, kleinere Karosserien mit einem Radstand von 3.085 oder 3.670 Millimeter. Der Hubraum des großen V8 wurde auf 6.966 ccm (425 ci) reduziert – die Vergaserversion leistete 183 PS, im Einspritzer konnte der Fahrer über 198 PS verfügen.

Kleine Modellpflegemaßnahmen kennzeichneten den Cadillac-Jahrgang 1978: der Seville (mit einer auf 172 PS reduzierten Leistung) erschien in der zweifarbigen Luxusversion Elegante mit Speichenrädern und Lederausstattung. Im Fleetwood Brougham 1978 fanden sich die Electronic Level Control (elektronische Niveauregulierung) und eine Vielzahl von Ausstattungsverbesserungen. Das Programm der langlebigen Special Editions hatte man bereits im Vorjahr auf die Modelle De Ville d'Elegance, Coupé De Ville Cabriolet und Brougham d'Elegance zusammengestrichen. Neu hinzu kamen 1978 Custom Phaeton Coupé und Sedan (Basis de Ville) mit einem imitierten Cabrioletverdeck, Ledersitzen und anderen Extras sowie die Fleetwood Limousine Landau und Fleetwood Formal Limousine Landau – mit einem Dachüberzug aus Vinyl, der das kleine hintere Seitenfenster verdeckte und mit einem imitierten Verdeckbügel zierte.

Der Fleetwood Eldorado wurde durch die neue Luxusvariante Custom Biarritz mit Lederausstattung, Cabriolet Roof und diversen Extras innen und außen aufgewertet. Die Auswahl der Radios nahm im Katalog 1978 bereits eine ganze Seite ein: natürlich wurden ausschließlich Stereogeräte (zum Teil mit Digitalanzeige) geliefert, und auch das damals sehr populäre CB (Citizen Band) fehlte nicht.

Abgasgesetzgebung und strenge Verbrauchsgrenzen erzwangen 1979 Neuerungen, die so gar nicht zum überkommenen Image der Marke passen wollten: zum ersten Mal wurden Cadillacs werksseitig mit einem Selbstzündermotor ausgerüstet – bis dato ein Sakrileg, das ausschließlich und notgedrungen Taxichauffeuren in Ländern der Dritten Welt vorbehalten war. Erste Kandidaten für den Oldsmobile-V8-Diesel mit 5.737 ccm und 127 PS waren der Seville und der erneuerte Eldorado – De Ville, Fleetwood Brougham und die großen Limousinen blieben am Anfang des Modelljahres von der neuen Motorisierung verschont.
Die Renovierung des Eldorado führte zur Einführung des aus dem Seville bekannten 5,7-Liter-V8 von Oldsmobile. Name, Ausstattung und die Coupé-Karosserie waren jetzt die einzigen wesentlichen Merkmale, die den Eldorado vom Seville unterschieden. Der Eldorado hatte mit dem Seville auch das hohe Niveau der Ausstattung gemeinsam – viele Dinge, die bei den großen Cadillacs gesondert bezahlt werden mussten, waren hier serienmäßig. Ausschließlich für die „kleinen" Modelle bestimmt war auch der neue Trip Computer.

Seville 1978 - erster Cadillac mit Dieselmotor.

Das Eldorado Coupé 1979 verfügte über einen V8 mit 170 PS.

Präsidenten, Päpste und Pop-Stars

Viele Politiker und Berühmtheiten aus Kultur und Showbusiness nannten einen Cadillac ihr eigen oder wurden bei öffentlichen Auftritten in einem der Detroiter Edelprodukte chauffiert.
Die Liste der amerikanischen Präsidenten reicht von Woodrow Wilson Hoover über Franklin D. Roosevelt (dem zwei verlängerte V16 zur Verfügung standen) und Dwight D. Eisenhower bis zu Richard Nixon. Doch erst 1981, während der Präsidentschaft von Ro-nald Reagan konnte Cadillac mit zwei gepan-zerten Fleetwood-Limousinen (mit langem Radstand und erhöhtem Dach) wieder in den Fuhrpark des „White House" vordringen. Fast drei Jahrzehnte bevorzugte man dort als offi-zielle Marke Lincoln – jetzt prangt das Wappen des Präsidenten wieder an einem Cadillac.
Gekrönte Häupter wie Schah Reza Pahlevi von Persien, König Hassan II von Marokko und die Regierungen von so unterschiedlichen Ländern wie Kolumbien, die Philippinen oder die Schweiz gehörten zum Kundenstamm. Der ägyptische Präsident Nasser fuhr 1958 in einem Cadillac Cabriolet mit Chruschtschov zur Eröffnung des Assuan-Staudamms, und auch die Regierung der Volksrepublik China genießt seit 1985 den ganz unsozialistischen Komfort eines Cadillac. Zwanzig Fleetwood-Limousinen, die von den O'Gara Coachworks verlängert wurden, bestellte die Regierung in Peking für Repräsentationszwecke.
Der letzte Cadillac des Schah von Persien wurde 1979 erst fertiggestellt, als sein Käufer schon nicht mehr auf dem Pfauenthron saß. Der Wagen war angeblich bombensicher ge-panzert, besaß Maschinengewehrhalterungen, Tränengasdüsen sowie Radar und wurde von einer Beiruter Firma umgerüstet.
Im vatikanischen Fuhrpark waren bereits ab Mai 1932 zehn Cadillac und Buick vorhanden, später kam ein V 16 Town Car, Modell 1938 hinzu. Im September 1947 erhielt Pius XII zwei Cadillacs mit einer von Derham speziell gefertigten Karosserie – interessantestes De-tail war ein pompöser Mitteltron anstelle einer normalen Rücksitzbank – die vorwiegend für Fahrten vom Vatikan zur Sommerresidenz in Castel Gandolfo genutzt wurden. Diese Cadil-lacs benutzte auch der Papst Johannes XXIII., bis man sie später durch Landaulets der Mercedes-Typen 300 und 600 ersetzte. Der Aga Khan und die Begum wurden am 3. Au-gust 1939 in ihrem Cadillac auf dem Weg zum Flughafen Cannes überfallen – die Räuber konnten 250.000 Francs und Schmuck im Wert von 220 Millionen Francs erbeuten.
Salvador Dali baute seinen ausgedienten Cadillac aus den dreißiger Jahren sogar als Kunstwerk vor seinem Haus auf.
In den dreißiger Jahren fühlten sich Filmstars wie Mary Pickford, Douglas Fairbanks, Shirley Temple, Fred Astaire, und Joan Crawford zu den großen V16 und V12 hingezogen. Und Al Capone zog es in den Jahren der Prohibition vor, in einem vier Tonnen schweren 341 Fleet-wood Town Sedan mit schußsicherem Glas unterwegs zu sein. Nicht immer war es die feinste Kundschaft, die Cadillac bevorzugte, oder der beste Anlaß, bei dem die großen V 8 vertreten waren: Marschall Pétain (der als Chef von Vichy-Frankreich mit den Nazis ko-operiert hatte) trat im April 1945 aus seinem Exil in Sigmaringen den Weg in französische Gefängnisse in einem 60 Special von 1939 an. Wirtschaftswunder-Bankier Münnemann zeigte schon Ende der vierziger Jahre seinen Reichtum mit einem Cadillac.
Ein treuer Anhänger der Marke war auch Elvis Presley – wie bei allen Autos mit berühmtem Vorbesitzer kann bei den heute als Ex-Pres-ley-Autos angebotenen Cadillac keine Garan-tie für einen Besitz durch das Rock'n Roll-Idol gegeben werden.
Nicht unerwähnt bleiben darf auch, daß spe-ziell die Heckflossen-Cadillacs in Kunst und Kitsch verewigt wurden. Das Spektrum reicht hier von der berühmten Cadillac-Ranch über die Plastik aus Baumästen und Zweigen (Ro-ger Welch, Drive-In: Second Feature, 1982) bis zum einbetonierten Caddy, der im Sommer 1989 auf dem Berliner Kurfürstendamm recht unterschiedliche Meinungsäußerungen hervor-rief.
Das Dezerland Hotel in Miami Beach, Florida nutzt die Heckflossen-Ungetüme als Werbe-träger für das Restaurant: dort kann man in-mitten gewöhnlicher Tische auch stilvoll im In-nenraum eines Cadillac 1959 speisen.

Cadillac im Sport

Das einzige Jahr, in dem Cadillac nennenswerte Sporterfolge erzielen konnte, war 1950. Wie zum Einsatz in zwei sehr unterschiedlichen und gleichermaßen prestigeträchtigen Veranstaltungen kam, sei in der Folge kurz dargestellt.
Briggs Cunningham, schwerreicher Erbe des Waschmittelkonzerns Procter & Gamble, war – mit seinem Eigenbau BuMerc und einem der ersten Ferrari – einer der Pioniere des Straßenrennsports in den USA. 1949 lernte er Bill Frick und Phil Walters kennen, die Autos namens Fordillac und Studillac bauten – das waren gewöhnliche Ford oder Studebaker, die durch Einbau des Cadillac V8 erheblich an Temperament gewannen.
Der Plan, einen Fordillac in Le Mans einzusetzen, ließ sich nicht durchführen, weil der Automobile Club de l' Ouest die Nennung nicht akzeptierte. So starteten Sam and Miles Collier 1950 mit einem nur mild frisierten Cadillac Series 62 Coupé de Ville beim 24-Stunden Rennen. Das Team Cunningham/Walters brachte einen modifizierten Cadillac an den Start, der seinen von den Franzosen erfundenen Beinamen „Le Monstre" nicht zu Unrecht bis heute trägt – ähnelte die Karosserie doch mehr einem umgestülpten Schuhkarton als einem Rennsportwagen. Erstaunlich war der Erfolg, den die amerikanische Equipe hatte – die beiden Cadillac wurden auf Rang 10 und 11 klassiert, obwohl Cunningham durch einen Ausrutscher und den Verlust des ersten und zweiten Gangs in den letzten Stunden das Rennen nicht in optimaler Zeit beenden konnte. Das überraschende Ergebnis inspirierte Cunningham zum Bau einer kleiner Serie von Renn- und Straßensportwagen mit Chrysler-Hemi-Motor, die bis 1955 in Le Mans starteten. Trotz guter Plazierungen wurde der Gesamtsieg nie erreicht, und Cunningham gab seine Sportwagenpläne auf. Die beiden Le-Mans-Cadillac sind heute – mit anderen Cunningham-Modellen – im Collier-Museum in Naples, Florida zu bewundern.
Im gleichen Jahr – 1950 – fand die Carrera Panamericana in Mexiko statt. Die erste Auflage des harten Straßenrennens wurde fast ausschließlich von schweren amerikanischen Limousinen bestritten. Lediglich zwei vom italienischen Automobil Club gemeldete Alfa Romeo 6 C 2500 mit den Assen Piero Taruffi und Felice Bonetto sowie der einsame Delahaye des Lokalmatadors Trévoux stellten sich neben einzelnen Jaguar, Hotchkiss und Talbot dieser Phalanx. Allein 22 Cadillac waren von amerikanischen oder mexikanischen Teilnehmern gemeldet. Die ersten fünf Tagesetappen des mörderischen Tourenwagenrennens auf teilweise unbefestigten Straßen wurden prompt von verschiedenen Cadillac-Piloten gewonnen. In der Endabrechnung orzielte aber der Oldsmobile 98 von Hershel Mc Griff das beste Ergebnis und verwies die Cadillac-Fahrer Deal und Johnson vor dem Alfa von Taruffi auf die Plätze 2 und 3.
1951 waren auch Sportwagen für die Carrera Mexicana zugelassen, und prompt dominierten die Ferrari von Taruffi und Ascari den Wettbewerb. Der bestplacierte von sechs gemeldeten Cadillac (von Rogers) landete auf dem sechsten Platz – hinter den von professionellen Fahrern gesteuerten Chrysler, Mercury, Packard und Hudson. Ab 1952 wurden die Carrera getrennt nach Sport- und Tourenwagen gewertet, doch gegen die mit großem Aufwand agierenden Teams von Lincoln und Chrysler hatten die Cadillac nie eine Chance auf einen Etappensieg oder einen der vorderen Plätze im Gesamtklassement. Lediglich bei der letzten Auflage der legendären Carrera im Jahr 1954 konnten sich Andrews und Stringer hinter zwei Lincoln nochmals recht gut placieren. Damit endete das kurze Intermezzo der Cadillac im Motorsport.

Letzte Fahrt im Cadillac

Schon in den zwanziger und dreißiger Jahren wurden Cadillac-Fahrgestelle gelegentlich als Kranken- und Leichenwagen umgebaut: Karosseriehersteller wie Superior, L & M, Geissel, Owen, Miller, Cunningham, Eureka, S & S oder Flxible bauten diese Wagen auf dem langen Commercial Chassis von Cadillac oder La Salle. 1926 bot Cadillac sogar im Werkskatalog eine eigene Baureihe an.
In den fünfziger Jahren wurden im Durchschnitt 2.000 Fahrgestelle pro Jahr für den Umbau in Sonderfahrzeuge zur Verfügung gestellt. Heute wird der amerikanische Markt von drei Firmen - Hess & Eisenhardt, Miller-Meteor und Superior – dominiert.
Ein Cadillac-Bestattungswagen der Karosseriefirma Pollmann, Bremen, blieb ein rares Einzelstück.

Die Cadillac der achtziger Jahre

Die frühen achtziger Jahre wurden auch für Cadillac durch die Auswirkungen der zweiten Energiekrise geprägt. Bestes Beispiel war der im Herbst 1979 vorgestellte neue Seville, der als erster Cadillac und erster amerikanischer Serienwagen einen Dieselmotor als Standardausrüstung besaß. Überzeugend in Laufruhe und Verbrauch, machte sich der Diesel durch seine Unzuverlässigkeit keinen guten Namen. Der bewährte Benzinmotor mit 6.045 ccm, elektronischer Einspritzung und 147 PS war für den auf der gleichen Bodengruppe wie der Eldorado gebauten Seville und Seville Elegante die bessere Alternative. Vom Eldorado stammten auch der Frontantrieb und die hintere Einzelradaufhängung mit pneumatischer Niveauregulierung, die die Starrachse ablöste.
Mehr Kontroversen als die Technik loste das neue Styling des Seville aus, das die typische Cadillac-Front mit einer Heckpartie im britischen„Razor-Edge-Stil" der fünfziger Jahre verband. Der kantige Kofferraum erinnerte besonders bei der zweifarbigen Luxusversion Seville Elegante an Vorbilder von Vanden Plas oder Hooper – Formen, die auf dem Kontinent und in den Staaten schon in ihren besten Zeiten als veraltet empfunden wurden.
Der Oldsmobile-Diesel wurde im Modelljahr 1980 in allen Baureihen angeboten – Standardantrieb war aber der auf 6.045 ccm vergrößerte V8 mit Vierfachvergaser (152 PS) oder Einspritzung (147 PS). Dafür hatte das 7-Liter-Aggregat der Typen De Ville, Fleetwood und Brougham endgültig ausgedient. Die Palette der Karosserien blieb bei De Ville (zweitüriges Coupé Hardtop und viertüriger Sedan), Fleetwood Limousine und Formal Limousine sowie beim Eldorado unverändert – der Fleetwood Brougham wurde jetzt auch als Hardtop Coupé geliefert.

Die gesamte amerikanische Automobilindustrie mußte 1980 einen Produktionsrückgang um 30 Prozent hinnehmen, Cadillac wurde mit einem Verlust von fast 40 Prozent unter allen Marken am härtesten getroffen – die Herstellung ging auf 203.991 Exemplare zurück. 1981 stieg die Produktion wieder auf 259.135 Fahrzeuge.
Zwei neue Motoren prägten diesen Jahrgang bei Cadillac: ein V6 von Buick mit 4.100 ccm und 127 PS bei 3.800 Umdrehungen – der erste Sechszylinder in der Geschichte der Marke. Im De Ville und Fleetwood Brougham wurde das Aggregat mit einer neuen Vier-Gang-Automatik mit Overdrive offeriert, im Seville und Eldorado mit der bekannten 3-Gang-Automatik.
Die neue Variante des 6-Liter-V8, die mit elektronisch gesteuerter Zylinderabschaltung ausgerüstet war, wurde als V8-6-4 in allen Modellen außer dem Seville als Grundmotorisierung vorgesehen. Bei geringer Belastung lief der V8 mit digitaler Einspritzung nur auf vier oder sechs Zylindern mit entsprechend reduziertem Verbrauch. Einer Digitalanzeige am Armaturenbrett (MPG Sentinel) konnte der Fahrer per Knopfdruck entnehmen, wieviele Zylinder gerade in Aktion waren. Laufruhe und Leistungsvermögen des V8-6-4 entsprachen zwar dem bisherigen Standard, doch erwies sich die elektromechanische Zylinderabschaltung als zu kompliziert und wartungsanfällig für die Praxis. Diese interessante Idee, die Cadillac als erster Hersteller realisierte, wurde schon nach einem Jahr wieder aufgegeben. Der technische Aufwand war in Relation zur möglichen Verbrauchssenkung zu groß: die übergroßen, gut zwei Tonnen schweren Limousinen mit einer Vielzahl von Extras boten noch ganz andere Sparmöglichkeiten.
Im April 1981 stellte Cadillac mit dem Cimarron zum ersten Mal in der langen Firmengeschichte ein wirklich kleines Fahrzeug vor: der kompakte, luxuriöse Stufenheck-Viertürer mit Frontantrieb zählte mit den Buick Skyhawk, Chevrolet Cavalier, Oldsmobile Firenza und Pontiac J 2000 zu den J-Cars von

Links: Coupé de Ville 1980 - wahlweise mit Benzin- oder Dieselmotor.

Rechts: Fleetwood Brougham Sedan 1981 mit drei Motorversionen: V6, V8-6-4 oder Diesel.

Kompaktes Luxuscoupé: Eldorado Biarritz 1983.

DIE CADILLAC DER ACHTZIGER JAHRE

Im „Razor-edge-Stil": Seville 1984.

General Motors, die in Europa durch die Opel Ascona und Vauxhall Cavalier erfolgreich vertreten wurden. Als Antrieb diente einheitlich ein Vierzylinder mit 1841 ccm und 88 PS, und zum ersten Mal seit Anfang der fünfziger Jahre wurde wieder ein Cadillac mit handgeschaltetem Getriebe angeboten.

1982 wurde als neues Standard-Aggregat für alle Modelle ein auf 4.087 ccm verkleinerter V8 mit elektronischer Benzineinspritzung, 127 PS bei 4.200 Umdrehungen und 4-Gang-Automatik mit Overdrive eingeführt. Die auf Wunsch lieferbaren V6 und der 5,7-Liter-Diesel-V8 waren jetzt auch im Seville zweite Wahl, das Experiment mit der Zylinderabschaltung im V8-6-4 wurde gleichzeitig abrupt beendet. Lediglich die Fleetwood Limousine mußte noch bis 1984 mit dem problematischen 6-Liter-Motor auskommen. Das Hardtop in der Baureihe Fleetwood Brougham zierte der feine Name Coupé d'elegance, den Eldorado bot man in den Ausstattungsversionen Touring Coupé und Biarritz an.

Das Modelljahr 1983 brachte – mit Ausnahme eines auf zwei Liter vergrößerten Motors für den Cimarron (mit unveränderter PS-Zahl) und der geringfügigen Leistungssteigerung des V8 auf 137 PS (Europa 147 PS) – nur kleine stilistische Veränderungen. Der Absatz stieg mit 308.537 Wagen wieder in freundlichere Regionen.

Wichtigste Neuheit für das Jahr 1984 war – nach fast zehnjähriger Abstinenz – die Rückkehr von Cadillac zum Cabriolet. Während die offene Varianten des Eldorado Biarritz und des verwandten Buick Riviera (hier schon zwei Jahre im Programm) einen gelungenen Entwurf darstellten, handelte es sich beim 1982 eingeführten„Cabriolet Roof" für Seville und Eldorado lediglich um ein stoffbezogenes Blechdach und somit ein wenig sinnvolles Zubehör.
Der seit 1981 angebotene V6 wurde zugunsten des gleich großen V8 aus dem Programm gestrichen.

Hauptereignis im Modelljahr 1985 war die Einführung einer kleineren Karosserie für die Modelle De Ville und Fleetwood. Gemeinsam mit dem Buick Electra und dem Oldsmobile 98 Regency kamen die intern als C-Body bezeichneten Frontantriebstypen bereits im Frühling 1984 auf den Markt. Zwei Motoren, der bekannte 4,1-Liter-V8 und ein neuer 4,3-Liter-V6-Diesel mit 86 PS, kamen im De Ville und im Fleetwood zum Einsatz. Über der viertürigen Limousine und dem Coupé standen die 75 Limousine und Formal Limousine mit einem um sechzig Zentimeter verlängerten Radstand, die ausschließlich mit dem Benzinmotor erhältlich waren.
Als einziger Cadillac mit Hinterradantrieb blieb der bisherige Fleetwood Brougham im Programm, und der kleine Cimarron erhielt mit dem 2,8-Liter-V6 von 131 PS endlich eine dem Ruf der Marke entsprechende Motorisierung.

Eine ungewöhnliche Studie entstand im Auftrag von PPG Industries – der Cimarron Special PPG: das viersitzige Cabriolet war im Stil eines Dual Cowl Phaeton mit zwei Windschutzscheiben ausgerüstet und als Schaustück sowie für VIP-Transporte bei großen Rennen gedacht.

Coupé de Ville 1990.

Seville Touring Sedan STS 1990.

Seville 1991.

Brougham 1990.

Cadillac heute

Aktuellste Neuheit für 1986 war die geänderte Karosserie für den Seville, der als kompakte Stufenheck-Limousine dem Image eines Cadillac mehr entsprach als das umstrittene Vorgängermodell. Nicht so erfreulich war der Kleiderwechsel beim Eldorado, dem das schöne Cabriolet zum Opfer viel. Seville und Eldorado waren eng miteinander verwandt und unterschieden sich im wesentlichen nur durch den Aufbau mit zwei bzw. vier Türen. Beide Typen verfügten mit einem Radstand von 2.745 Millimeter über kompaktere Abmessungen und waren ausschließlich mit dem 4,1-Liter-V8 erhältlich.

Eldorado 1990.

Sämtliche Dieselmotoren wurden aus dem Programm gestrichen, und der Fleetwood Brougham mit Hinterradantrieb war nur noch als Sedan erhältlich.

Ein neues Spitzenmodell – der sportlich- luxuriöse Allanté – war die Sensation von Cadillac im Modelljahrgang 1987. Das zweisitzige Cabriolet mit Hardtop zeichnete sich vor allem durch seine zeitlose Karosserieform und die komplizierte Produktionsmethode aus: Karosserieherstellung (die Bodengruppe des Seville/Eldorado wurde um 12 cm verkürzt), Montage und Lackierung führte Pininfarina im Werk Grugliasco durch. Die Innenausstattung wurde in der neu errichteten Fabrik von San Giorgio Canavese eingebaut. Mit speziell umgebauten Boeing 747 flogen Alitalia und Lufthansa die fertigen Karosserien direkt vom Flughafen Caselle nach Detroit, wo sie im Werk Hamtramck mit den mechanischen Komponenten komplettiert wurden. Geplant war ursprünglich ein Transport von drei Flügen pro Woche mit je 56 Allanté-Karosserien – diese Zahl konnte mangels Nachfrage bis heute nicht realisiert werden. Beim Rückflug wurden die Jumbos mit Karosseriebestandteilen wie Bodengruppen, Klimaanlagen, Lenksäulen usw. sowie Ersatzteilen für die europäischen General-Motors-Filialen beladen.

Motorisch war der mit Anti-Blockier-System von Bosch, Recaro-Sitzen und zahlreichen anderen Extras verschwenderisch ausgestattete Allanté eng mit seinen Großserienbrüdern konventioneller Herstellung verwandt – der bekannte 4,1-Liter-V8 leistete 172 PS bei 4.100 Umdrehungen und sorgte für eine Höchstgeschwindigkeit von 200 km/h.

Die Baureihen Seville und Eldorado blieben unverändert, beim Cimarron war neben kleinen Detailänderungen lediglich der Wegfall des Vierzylinders zu vermerken.

Für die wichtigste Serie von Cadillac wurde 1987 ein bekannter Name von neuem belebt: der Fleetwood 60 Special mit einem Radstand von 2.940 Millimeter reihte sich zwischen Fleetwood und 75 Limousine ein; das zweitürige Coupé war nur noch in der Baureihe De Ville erhältlich.

Das Streben nach einem besseren Qualitätsimage wurde im „Cadillac Complete Satisfaction Program“ sichtbar, das in einer Anzeige in der Schweizer „Automobil Revue“ vorgestellt wurde:

Drei Jahre kostenlos Reparaturen und Service. Zu Ihrem neuen Cadillac des Modelljahres 1987.Jeder Cadillac ist ein Spitzenerzeugnis. Exzellent verarbeitet und in jeder Hinsicht eine ganze Wagenlänge voraus. Vom unvergleichlichen Luxus bis zur einzigartigen Technologie. Absolut Top-Class!

Deshalb können wir Ihnen das exklusive Complete Satisfaction Program bieten: während drei Jahren übernimmt Cadillac sämtliche

Nachfolgende Doppelseite:
Eldorado Touring Coupé 1991.

Sedan de Ville 1991.

Reparatur- und Servicekosten! Inklusive Material, Arbeitsstunden, Pannenhilfe, Hotelkosten, Rückreisekosten, Rückführungskosten, Abschleppdienst und Ersatzfahrzeug. Das Complete Satisfaction Program erhalten Sie kostenlos beim Kauf eines Cadillac De Ville, eines Cadillac Eldorado oder eines Cadillac Seville des Modelljahres 1987. Aber nur der offizielle Cadillac Markenvertreter bietet Ihnen diesen Vorteil an. Besuchen Sie Ihn und erleben Sie die neuen Cadillac Modelle auf einer Probefahrt."

Der letzte Absatz zielte eindeutig auf die zahlreichen „grauen" Händler, die sich in den siebziger und achtziger Jahren in Europa etabliert hatten und jedes gewünschte Modell über den großen Teich schafften. In einer Zeit großer Zurückhaltung der amerikanischen Hersteller – Ford und Chrysler boten zeitweise keine Modelle in Europa an, General Motors betrieb die europäischen Aktivitäten nur auf Sparflamme – waren diese Händler die einzige Quelle für die Liebhaber von US-Autos.

Der gefallene Dollarkurs und die auf europäische Dimensionen geschrumpften Fahrzeuge machten es Ende des Jahrzehnts wieder interessanter, Europa zu beschicken. Für beide Seiten – sowohl die europäischen Märkte als auch die amerikanischen Hersteller – erreichten die Stückzahlen jedoch nur ein unbedeutendes Volumen.

Seville , De Ville, 60 Special , Fleetwood und Eldorado warteten 1988 mit einem neuen 4,5-Liter-V8 auf (LR 6). Dank elektronischer Zentraleinspritzung konnte die Leistung auf 157 PS bei 4.200 Umdrehungen angehoben werden. Der große Brougham blieb unverändert beim alten 5-Liter mit Hinterradantrieb, hatte allerdings schon im Vorjahr eine Leistungsvariante mit 172 PS erhalten.

Zum Ende eines unruhigen Jahrzehnts mit vielen Irrwegen und Energiesparzwängen präsentierte sich Cadillac 1989 wieder so, wie Kenner und Liebhaber die Marke seit jeher

schätzen: verschwunden waren alle Dieselmotoren, die problematischen V8 mit Zylinderabschaltung, der kleine 4-Zylinder und mit der Einstellung des Cimarron auch der letzte V6.
Die gesamte Baureihe wurde vom V8 mit 4,5 Liter Hubraum dominiert – vom Seville, der auch als STS Touring Sedan mit kürzerer Achsuntersetzung geliefert wurde, bis zum Spitzenmodell Allanté, wo der V8 satte 203 PS leistete. Ein kleiner Wermutstropfen war der mäßige Erfolg des Allanté, dessen hoher Preis von der konservativen Cadillac-Kundschaft nicht akzeptiert wurde. Damit befand sich der Allanté in bester Gesellschaft von früheren Exklusivmodellen wie dem ersten Eldorado und dem Eldorado BroughamVille und Fleetwood erschienen mit eleganten, größeren Karosserien als Sedan und Coupé, während der ebenfalls renovierte 60 Special jetzt die Rolle des Spitzenmodells übernahm. Die 75 Limousine verschwand aus dem Programm.
Mit einem Traumwagen besonderer Prägung knüpfte Cadillac an die legendäre Vergangenheit an: der Solitaire, in dem zum ersten Mal seit über fünfzig Jahren wieder ein Motor mit mehr als acht Zylindern arbeitete. Das luxuriöse, aerodynamisch ausgefeilte Coupé verbarg unter seiner Haube einen V12 mit zwei obenliegenden Nockenwellen und 48 Ventilen. Der Vierventiler mit 6,6 Liter Hubraum sollte 436 PS leisten.
Leistungssteigerung war das zentrale Thema für das Modelljahr 1990: der 4,5-Liter-V8 mit Benzineinspritzung wurde auf 183 PS angehoben, dem betagen Brougham spendierte man wahlweise sogar einen 5,7-Liter-V8 mit 177 PS. Der Eldorado Touring erhielt eine kürzere Achsuntersetzung. Im Januar 1990 stellte Cadillac zur North American Auto Show in Detroit den Aurora Concept Car vor.

Nachfolgende Doppelseite: Eldorado 1991.

991

Aurora Concept Car 1990

Aurora Concept Car 1990

Original-Katalog des Eldorado von 1953.

Die berühmte Heckflosse beherrscht das Titelblatt des Katalogs von 1959.

BIBLIOGRAPHIE

A great way to go – the automobile in Canada, Robert Collins 1969

American Funeral Cars and Ambulances since 1900, Thomas A. McPherson

Automobil Revue Katalognummer, Bern 1947-1990

Automobil-Spezialkarosserien, Halwart Schrader, 1985

Automobile Quarterly 3-3, 16-4, 20-4

Cadillac Werkskataloge und Pressemappen 1945-1990

Cadillac – Standard of the world: the complete history, Maurice D. Hendry, 1972/1990

Car and Driver Yearbook 1969

Carrera Panamericana „Mexico", Adriano Cimarosti, 1987

Carrozzeria Boneschi, Sergio Puttini, 1989

Catalogue of 1954 Automobiles, Floyd Clymer, 1954

Complete Guide to American Cars 66-76, Mike Lintern, 1977

Consumer Guide: Prototype Cars – Cars that never were, 1981

Consumer Guide: The American Sportscar, 1979

Die schönsten Autos der Welt, Peter Vann/Dirk Maxeiner 1983

Enyclopedia of American Cars 1940-1970, Richard M. Langworth, 1980

Enyclopedia of American Cars 1946 to 1959, George H. Damman, James H. Moloney, 1980

Ghia – Ford's Carrozzeria, David Burgess-Wise, 1985

Klassische Wagen 1919-1939, Hediger/von Fersen/Sedgwick, 1988

Le auto dei papi, Valerio Moretti, 1981

Les automobiles célèbres de l'histoire, Jean-Pierre Thévoz, 1976

Les plus belles voitures du monde, Jacques Rousseau/Michel Iatca, 1963

Les voitures de police et de gangsters, Jacques Borgé/Nicolas Viasnoff, 1978

Modern Classics, Rich Taylor, 1978

Motor Revue, Stuttgart, 1958-61

Motor Trend World Automotive Yearbook, 1967-1973

Special Interest American Cars 1930-1960, Petersen, 1976

The American Car since 1775, Automobile Quarterly, 1971

The Dream Machine. The golden Age of American Automobiles 1946-1965, Jerry Flint, 1976

The best of old cars, Vol. 2 1977-78

The complete enyclopedia of motorcars, 1885 to the present, G. N. Georgano 1982

The world guide to automobiles Baldwin/Georgano/Sedgwick/Laban

50 Years of American Automobiles from 1939, Consumer Guide, 1988

INHALT